日本語ライブラリー

文章と文体

沖森卓也　山本真吾
［編著］

揚妻祐樹　木村義之

小林明子　小林　肇

森　雄一　渡邊ゆかり
［著］

朝倉書店

編著者

沖森卓也 <small>おき もり たく や</small>	立教大学文学部	（第1章）
山本真吾 <small>やま もと しん ご</small>	白百合女子大学文学部	（第7章）

著　者

揚妻祐樹 <small>あげ つま ゆう き</small>	藤女子大学文学部	（第3章）
木村義之 <small>き むら よし ゆき</small>	慶應義塾大学日本語・日本文化教育センター	（第4章）
小林明子 <small>こ ばやし あき こ</small>	白百合女子大学文学部	（第6章）
小林肇 <small>こ ばやし はじめ</small>	日本経済新聞社人材教育事業局	（第5章）
森雄一 <small>もり ゆう いち</small>	成蹊大学文学部	（第8章）
渡邊ゆかり <small>わた なべ ゆ か り</small>	広島女学院大学国際教養学部	（第2章）

（五十音順）

まえがき

　本書は、日本語の文章に注目し、それがどのような単位から成り立ち、その単位がどのように配置されているのか、表現内容と文章の性質とはどのような関係にあるのか、文章表現の技法にはどのようなものがあるのかといった、文章に関するさまざまな問題についてわかりやすく平易に解説したものです。
　文章を見つめる視点は一つに限られません。文章の構成はどのようになっているのか、段落や展開と文章の関係はどうであるのか。また、文法や文字、語彙が文章をどのように成り立たせているのかといった視点もあります。表現内容という点では、そもそも文章の種類にはどのようなものがあって、その表現の特徴はどのような点で観察されるのかという見方もあるでしょう。新聞記事から小説・詩に至るまで、現代語に限っても日本語の文章ジャンルは多種多様です。また、文章ジャンルの表現の特徴という点では、文体という観点とも深く関わってきます。さらに、修辞法や比喩などの技法とその表現効果の考察も興味深い課題です。
　ただし、本書は、表現技法を具体的実践的に習得するという「表現法」のテキストを目指したものではありません。まずは文章や表現について客観的に冷静に観察することを第一に心がけました。文章にとってどのようなことが大切であるのか、どの点に留意するべきかということについて、単に書く技術を修得するためだけでなく、私たちの言語活動そのものでもある文章について深く考えるということを最重視して編集しました。
　本書を通して自分自身の文章表現を見直し、さらに洗練された達意の文章を書くために役立つことを心より願っています。実践に入る前段階、また文章トレーニングと並行させながら読み進めてゆくテキスト（教科書）としても、学生・社会人の皆様に広く読まれ、さまざまな使い方をしていただけることを期待します。

　2015年5月

編　　者

目　　次

第 1 章　文章とは ……………………………………………………［沖森卓也］　*1*

　1.1　文章とは ── 話し言葉と書き言葉・文章史　　1

　　文章の定義　1／文章を左右する条件　2／文章と文体　3／文章の研究史　3

　1.2　文章の目的　　3

　　文章の目的　3／文章の対象・用途　5

　1.3　文章の内容 ── 題材・展開・あらすじ・要約　　6

　　文章の題材　6／文章の正しさ・わかりやすさ　6／文章の展開　7

第 2 章　文章の構成 ………………………………………………［渡邊ゆかり］　*9*

　2.1　段落の組み立て　　9

　　段落の基本的特徴　9／文章展開　12／論理的な文章展開　14

　2.2　談話の展開　　19

　　談話の種類　19／話者交替　20／話段の連結の仕方　23

　2.3　会議の進め方　　26

　　会議に不可欠な要素　26／会議の目的　26／会議の議題　27／会議の参加者　27／会議の進行プロセス　28／会議の公式性・公然性と談話管理　31

第 3 章　文法と文章 …………………………………………………［揚妻祐樹］　*34*

　3.1　文の性質　　34

　　一文の長さ・修飾語の長さ　34／主語と述語　38

　3.2　文の接続　　39

　　文と文の間　39／仮定表現　42

　3.3　文章の人称　　43

　　心的内部の記述から見る一人称・三人称の記述　43／心的内部の記述から見〈語り〉口調の記述　46／一人称小説の諸相　48／大衆小説のナレーシ

ョン　50
　3.4　文末表現　52
　　デアル体について　52／常体と敬体の問題──『大菩薩峠』をテクストに　54

第 4 章　文字・語彙と文章 ……………………………………［木村義之］*62*

　4.1　文字と文章　62
　　言語単位と表記規則　62／現代表記の多様性　63／文字体系の選択と文体　64／漢字仮名交じり文の位置　65／漢字と仮名　66／字装法　68
　4.2　語彙と文章　72
　　語のイメージ　72／語種と語感　72／専門語と一般語　73／業界用語と隠語　73／雅語と俗語　74／文体のバランス　76／気持ちのよい語　77

第 5 章　文章の種類（1）描写する文・訴える文 …………［小林　肇］*80*

　5.1　描写する文　80
　　新聞記事　80／記録文　82／印象文　84／説明文　86
　5.2　訴える文　88
　　主張文・意見文　88／論文　91／宣伝文・広告文　94／手紙文　95／標語　96

第 6 章　文章の種類（2）文芸的な文 ……………………………［小林明子］*98*

　6.1　散文作品　98
　　随筆　98／日記　102／物語・小説　104／戯曲　108
　6.2　韻文作品　111
　　詩　111／短歌　113／俳句　115

第 7 章　文体 ………………………………………………………［山本真吾］*117*

　7.1　文体とは　117
　7.2　文体史の流れ　119
　　和化漢文　120／和文　121／漢文訓読体　122／和漢混交文　123／中世・近世の口語文　124／言文一致への道程　126

第 8 章　修辞法 ………………………………………………［森　雄一］128

8.1　修辞法とは　128
8.2　比喩　128
喩えの効能　128／シミリー（直喩）とメタファー（隠喩）　130／概念メタファー　130／シネクドキー（提喩）　132／メトニミー（換喩）　135
8.3　さまざまな修辞法　137
おおげさなもの言い —— 誇張法と列叙法　137／ことばを重ねる —— ためらいと類義累積　139／余分なことば —— 冗語法と剰語的反復　141／無意味な文と矛盾した文 —— トートロジーとオクシモロン　142／間接的なもの言い —— 緩叙法とアイロニー　143／言葉遊びと修辞法 —— 類音接近・アクロスティック・アナグラム　145
8.4　さらに修辞法を知るために　147

参 考 文 献　149
索　　　引　152

第1章　文　章　と　は

1.1　文章とは——話し言葉と書き言葉・文章史

1.1.1　文章の定義

　思考や感情などを、ことばで言い表す場合の、完結した最小の表現単位を「文」[*1]といい、そのような文からなる、まとまりのある総体を「文章」という。「まとまりがある」とは、一貫した主題のもとで文が展開し完結しているということである。単に語が羅列されているだけでは「文」にならないように、文脈を持たない文の集積は「文章」とは言えない。ただし、小説のように何冊にも及ぶようなきわめて多くの文から構成される場合だけでなく、俳句やことわざのように1つの文からなるものも、文が展開し完結しているという点で「文章」である。

　「彼女は文章が上手だ」「この文章は感動的だ」というように、文章は書かれたものを指すことが多い。しかし、書き言葉だけでなく、話し言葉でも講演などのように、ある主題のもので展開されたまとまりは「文章」である。それは書籍や雑誌などに収録されるという意味で、論説文や評論文などと異ならないからである。さらに、複数の言語主体の対談や討論、また、戯曲（脚本）のような複数の話し手による発話のまとまりも、そこに一貫した主題があれば、「文章」と呼ぶこともできる。ただ、狭義では、言語行動の主体が単数[*2]であることを前提として用いられているのが一般的である。

　文章を「文からなる、まとまりがある総体」と先に定義づけたが、その「まとまり」には複合的なものもある。たとえば、観察記録や短編小説集を例にすると、一日の観察記録、一編の短編小説が「文章」であると同時に、日々の記録のまとまり、短編小説のまとまりも「観察日記」とか、夏目漱石の『夢十夜』とかというように、1つの文章であるとも言える。文章を含み込み、さらに大きな文脈の

[*1]　文の成立要件として次の2点が上げられる。① 主語と述語の対応によって意味の上で表現にまとまりがある、② 発音や表記の上で次の文との間に明らかな切れ目が感じられる。
[*2]　共同発表・共同執筆の場合もあるから、1人であるとは限らないが、言語行動の主体は単一である。

中で1つの文章を構成するというものである*3。その意味で文章は、文脈がいくつにも分かれ、また互いに関係しながら有機的に展開していくというような複合体であると言うことができる。

1.1.2　文章を左右する条件

　ある事柄を伝達するために言語表現を行う場合、話し手（書き手）の意志や感情にふさわしい言語記号を選択し、文章を組み立てていく。ただし、そこでは聞き手（読み手）の立場や、表現が行われる状況なども十分考慮に入れ、その「言語の場」にふさわしい表現が用いられる。多人数の前での演説、目上の人に対する手紙、備忘のためのメモなど、意識的、または無意識的にその言語表現には、表現の目的や意図に応じて特徴的類型的な様式・形式を持つ。

　言語表現を制約する条件には種々のものがあるが、大きく分けて、言語行動の主体に関するもの、言語行動の客体（表現の受け手）に関するもの、表現の場に関するもの、表現手段に関するものなどがあげられる。

　まず、言語行動の主体、すなわち話し手（書き手）自身に関しては、社会的な身分・地位や教養がどの程度であるか、男女差・年齢差、また、地域差（方言か共通語か）などによって文章のあり方は左右されるが、なかでも、何を伝えるのか、その上で行動させるのか、相手を感動させるのか、など言語主体の意志・目的は文章を大きく決定づける（1.2節参照）。

　一方、言語行動の客体、すなわち聞き手（読み手）との関係では、その相手が目上であるか目下であるのか、同等であるのか、親密度が高いか低いか、特定の人であるのか不特定の人であるのか、教養や専門的知識の程度はどの程度であるのかということが文章の内容に影響を与える。場面との関係では、改まった場面であるか、くだけた場面であるか、儀礼的儀式的な場面か娯楽的趣味的もしくは教養的であるか、一方向性であるか双方向性であるか、などが関与する。また、表現の媒介手段に関するものでは、音声言語による（話し言葉）か、文字言語による（書き言葉）かが言語表現を制約する。

---

*3　複数の話者による対談や会議なども、それぞれの発話のまとまりが「文章」であると同時に、それらを統括する主題によって、さらに大きなまとまりとしての「文章」を構成していると考えることもできる。

1.1.3　文章と文体

　こうした、さまざまな条件のもとに1つの文章のスタイルが選択される。その文章の様式・形式を文体と言い、これを記号体系としての言語形式の類型的な側面からとらえる場合と、特徴的な言語表現に着目して表現主体の個性的な側面からとらえる場合とがある。後者は、標準もしくは一般的なものからの偏差を、その人格・思想など表現主体の内面と関係づけてその特殊性を重視するものである。したがって、これを「個別的文体」または「個性的文体」と言う。たとえば「志賀直哉の文体」とか「斜陽の文体」とかいうように、特定の作家や作品について文体という語が用いられる場合は、一般的にこの意味である。これに対して、前者は「類型的文体」または「範疇的文体」と呼ばれる。その使用する文字・語彙や文末表現の違いなどを指標として、不特定多数の文章を対象にして言語学的に一定の整理を加えて用いる場合のものである。「仮名文」「漢文訓読体」「口語体」や「である体」「です体」などという類がこれに当たる。

1.1.4　文章の研究史

　日本において文章に関して本格的に論じたものは空海の『文鏡秘府論』(810〜823年成立という)に始まる。この書は詩文の創作に関する理論書で、中国の文学理論書を集成したものである。その後もどのように文章を書けばよいかという文章作法に関するもの、特に書簡作法を中心に考察が進められてきた。明治に入ると、技巧を凝らして文章を美しく飾る美辞麗句についての関心が高まり、よい立派な文章を書くことが求められるようになった。

　文章を日本語研究の上で最初に位置づけたのは時枝誠記であった。時枝は『日本文法口語篇』(1950年)で、文章を完結した統一のある言語表現と定義づけ、『文章研究序説』(1960年)で文章研究の端緒を開いた[*4]。

1.2　文章の目的・意図

1.2.1　文章の目的

　どのように書くかは、その目的に応じて大きく違ってくる。たとえば、相手に行動を起こさせる場合でも、そうするように勧めるのか、そうしてほしいと頼むのか、そうしなければならないと命令するのかなど、書き手(話し手)の表現意

[*4] 文章研究の隣接分野としては、言語表現の背景にある意味をも含めて表現内容の総体を研究対象とする談話分析、会話を研究対象とする会話分析などがある。

図によって、特定の文章の形式が選択される。これは、逆に読み手（聞き手）の側から見ると、どのように書かれているかということであるから、書き手（話し手）は読み手（聞き手）の意識に応じた適切な表現形式を用いなければならない。

　文章を作成する目的・意図には、おおよそ次のような6つが考えられる[*5]。

（1）何かを叙述・描写する　　　　　例：評論・記録・感想・日記
（2）何かを伝達する　　　　　　　　例：報告・通知・説明・感謝・同情
（3）相手に何らかの行動を促す　　　例：依頼・勧誘・命令・禁止・主張
（4）相手と接触する　　　　　　　　例：挨拶
（5）言語や言語表現を意味づける　　例：辞書の語釈、語句の注釈
（6）言語表現自体を目的とする　　　例：小説・詩歌

（1）は、物事のようす、出来事などを客観的に述べたり、自らの認識や思索、自身の感情を主観的に外面に表出したりする場合である。基本的には、読み手は想定されず、自分自身に対して言語表現が向けられている（二次的には、他者に対して開示されることはある）。

（2）は、読み手に対して、事実や知識という客観的な内容を伝えるほかにも、書き手自身の喜怒哀楽の感情や、感謝・同情など主観的な気持ちを伝達する場合もある。

（3）は相手に行動を促すという直接的な働きかけが強いものであるから、書き手と読み手との関係が大きくかかわる。読み手に対して、相手の判断に委ねるように言えば依頼・要求であり、相手の利益を思いやると勧告・助言となり、さらに強制力が弱ければ要望ということになる。逆に、相手に強制的に従わせるように言えば、指令・命令となり、相手に行動を起こさせない場合の禁止ともなる。書き手と同じ行動をとるように促す場合は勧誘であり、返答を要求する場合は質問となる。このほか、ある人間を推薦したり、自らの主張を述べて支持を訴えたりする場合もこれに含まれる。

[*5] この分類は、ロマーン・ヤーコブソン（Roman Jakobson）のコミュニケーションモデルにおける6つの言語機能を参考にした。それらをあげると、①情動的 emotive 機能（話し手の感情や欲望を外面に表出させる機能）、②動能的 conative 機能（命令とか強制とかの、相手に行為をおこさせる機能）、③指示的 referential 機能（言語記号が言語外的世界の対象を表す機能）、④交話的 phatic 機能（相手との心理的な結合を作り出す機能）、⑤メタ言語的 metalingual 機能（言語そのものを解釈・注釈する機能）、⑥詩的 poetic 機能（言語記号がそれ自体表現の目的となる機能）である（ヤーコブソン、1973）。

(4) は、表現内容を伝えることよりも、相手と接触すること自体が目的となる場合で、挨拶はその典型である。したがって、その文章形式は定型的儀礼的である。

(5) は、語義を解釈したり、ある言語表現の意味を説明したりすることを目的とするものである。

(6) は、書き手にとっては言語表現自体を目的としているにせよ、その文章、たとえば、小説や詩歌が読み手を感動させることもあれば、娯楽的趣味的な要素が強い場合には読み手を楽しませるものともなる。このような、感動を与えることや読み手を楽しませること自体を目的とする場合もある。

1.2.2 文章の対象・用途

これらの目的は、どのような人物に対してなされるかという対象の違いによって、また、その具体的な用途によって、文章の性質は表1.1のように異なってくる。

表1.1 目的に応じた文章の対象と用途

目的	対象	用途	例
叙述	自己	思索や事実の記録	日記・メモ
描写	特定／不特定	認識や思索の叙述 事実の記録	感想　評論・論説・意見 議事録
伝達	特定／不特定	事実の伝達 知識の伝達 感情の伝達	通知・通達・報告・ルポルタージュ 説明・解説・教訓 感謝・陳謝・抗議
動能	特定	相手に行動させる	依頼・命令　要望・勧誘・質問・推薦・宣伝
	不特定	多人数に訴える	主張
接触	特定／不特定	心理的結合の醸成	挨拶・呼掛け
定義	無	語句の定義	辞書の語釈や解説
表現	不特定	感慨を起こさせる	小説・詩歌

1.3　文章の内容——題材・展開・あらすじ・要約

1.3.1　文章の題材

　文章には、書き手が持つ主題と、それを具体的な表現とする材料としての題材がある。主題とは、その文章を貫く中核をなす意図・思想、また、根本的な課題をいい、テーマとも呼ばれる。たとえば、小説で、人間の悲哀を主題として、自身の幼いときの体験を題材とする場合、その題材には、幼いときに見た自然の風景、ある時の出来事をそれぞれ素材として物語を展開していくということなどが考えられる。そのうち、創作の動機となった中心的な題材をモチーフという。
　このような、文章がどのように展開していくかという大体の内容を「あらすじ」といい、文章全体の要点を短くまとめたものを「要約」という。

1.3.2　文章の正しさ・わかりやすさ

　文章を読むものとして読み手の側に立って考えてみると、実用的な文章としては、書かれている内容が正しいことがまずは求められよう。ただ、その正しさとは、題材（素材）が「事実」であることを指すのであろうか。「事実」は一般に、想像や推測、可能性や虚偽に対する実在的なものとして、また、理想や当為に対する経験的現実的な認識として意識されている。その一方で、今日の出来事や状況から必然的に導き出される理想もまた「事実」であり、未来におけるきわめて高い可能性も「事実」として位置づけられうる。たとえば、新聞や雑誌の題材には、実在的な出来事だけでなく、今後を予測したり、さまざまな意見・見方を取り上げたりした記事もある。このように考えると、題材そのものの正しさとは別に、書き手が言い表そうとする内容と、言葉を読み解く読み手の理解とに「ずれ」がないことこそが文章の正しさであるということができる。
　文章において求められる、もう一つの条件は、わかりやすさである。話し手は「事実」である素材を単に羅列するだけでは無責任である。主張とその根拠、結果とその原因など、性質の異なる内容を分けて、思考の自然な流れにそって文章を展開していく必要がある。その場合、素材の選択がかかわることもある。たとえば、報告文において、素材を漏れなく詳しく報告することも内容の重要度において求められることもあるが、場合に応じて情報として欠かせない要点だけを報告する方がわかりやすいこともある。また、筋道を追って順に報告することもあれば、観点や立場ごとにまとめて報告することが有効な場合もある。文章の種類

や形式は題材に応じて適宜選択されるのである。

　文章のおもしろさ、興味深さは、わかりやすさを支える一つである。読みたい、理解を深めたいという積極的な気持ちが文脈の理解につながる。読み手が知りたい内容そのものを題材とするのとは別に、読み手の関心や心理に応じて何らかの解釈や注釈を加えて、文章の内容を身近に感じさせ、知りたいという興味を湧かせることも文章の技術として欠かせない。

1.3.3　文章の展開

　文章は、一般に、いくつかの大きなまとまりからなり、そのまとまりはさらに小さなまとまりから構成される。その区分の名称には章・節・段落などがあるが、小説集や論文集などのように、1つの小説や論文自体が構成要素となる場合もある。

　実用的な文章においては次のような並べ方が一般的なものと言える。

　　導入・接触・アプローチ　……　序論
　　主題の提示・論証の展開　……　本論
　　要約と強調　　　　　　　……　結論

　たとえば、ある事実や原因を述べて相手を納得させ、最後に結果や感想でしめくくるというのが自然な流れであるが、問題が複雑で、長い説明を必要とする場合は、結果・主張を先に提示して、次に事例の列挙・原因へと展開していくほうが理解がしやすい場合もある。主題を貫く方法として、叙述の順序には大きく次のような4つのタイプが考えられる。

　（Ⅰ）論理の順序
　　（ア）問題解決の順序
　　　　①問題の提起　→　②問題の説明・解釈　→　③事例の列挙・分析
　　　　→　④解決案の提示　→　⑤結果の検証
　　（イ）理論適用の順序
　　　　①帰納型　特殊な理論や事実から一般的な原則や命題を導き出す
　　　　②演繹型　一般的な原則や命題から特殊な理論や事実を導き出す
　　（ウ）因果関係の順序
　　　　①原因追求型　事例から原因へと展開する

② 未来予測型　事例から結論へと展開する
　　③ 因果追求型　事例から原因と結論へと展開する

（Ⅱ）自然の順序
　（ア）時間の順序
　　　・時間の経過に沿って列挙する（また、その逆）
　　　・時々回想の手法で過去に遡る（フラッシュバック法）
　（イ）空間の順序
　　　・空間的な視点の移動によって列挙する（遠くから近くへ　左から右へ　中央から周辺へ、また、その逆）
　（ウ）大きさの順序*6
　　　・包括的一般的な段階から特定的部分的な段階へと並べる（また、その逆）

（Ⅲ）体系の順序
　　・全体（大本）と部分（枝葉）との関係によって列挙する

（Ⅳ）表現効果の順序
　（ア）重要さの順序
　　　程度の軽い（小さい）ものから重い（大きい）ものへ
　（イ）興味の順序
　　　最も興味深いものから始め、最後に強い興味を引くものを述べる
　（ウ）わかりやすさの順序*7
　　　理解のしやすい単純なものから理解のむずかしい複雑なものへ

［沖森卓也］

---

*6　列挙する場合の分類の言葉としては「段階／種類／範疇／要素／性質／部分」などがある。列挙は「第一に（は）…」「第二に（は）…」などと表現するのがわかりやすい。また、必要に応じて「昇順」もしくは「降順」というように順序立てて並べるようにする。

*7　話題が理解しにくい場合は、身近な実例やわかりやすいたとえを用いる。また、ある事柄を強調したり特色をはっきりさせたりする時には、他の事柄と比較対照して述べるようにする。比較は類似性を述べる場合に、対照は相違点を述べる場合に用いる。対照は、設定した項目ごとに比べてその違いを述べる、もしくは、まず一方をすべての項目にわたって述べ、次にそのそれぞれにおいて他方と比べていくという方法による。

第 2 章　文 章 の 構 成

2.1　段落の組み立て

　言語表現は、形態素、単語、文の成分、句、従属節、主節、文など様々なレベルの意味的まとまりが階層的に結びついて成り立っている。段落もこのような意味的まとまりの一種であり、文章や談話[*2]の直接的な構成要素になりうる、文の次に大きなまとまりに相当する。以下では、文章中において段落がどのように組み立てられているのかを、「段落の基本的特徴」「文章展開」「論理的な文章展開」の3つの観点から見ていく。

2.1.1　段落の基本的特徴

　段落と呼ばれるまとまりには、文を直接的な構成要素として統括するものだけでなく、より小さな段落を直接的な構成要素として統括するものも存在する。両者の相違を、具体例を通して確認してみる。

　次に挙げる例文1は、宮沢賢治著『よだかの星』の冒頭部分の文章である。なお、1つ1つの文の最後に付された（　）と（　）内の丸囲み番号は、便宜的に本文に加えたものである。

例文1

　よだかは、実にみにくい鳥です。（①）
　顔は、ところどころ、味噌をつけたようにまだらで、くちばしは、ひらたくて、耳まhowever さけてゐます。（②）
　足は、まるでよぼよぼで、一間とも歩けません。（③）
　ほかの鳥は、もう、よだかの顔を見ただけでも、いやになってしまふといふ工合でした。（④）

[*1]　各例文の出典について、特に必要なものは章末に提示するので参照されたい。
[*2]　近年の談話研究においては、「談話」という用語を、文を超える意味的単位として位置づけ、話し言葉だけでなく、書き言葉に当たる文章も談話の一種として扱うこともある。しかし、本章では、話し言葉を基盤とするテキストを指し「談話」という用語を用いることとする。

> 　たとへば、ひばりも、あまり美しい鳥ではありませんが、よだかよりは、ずっと上だと思つてゐましたので、夕方など、よだかにあふと、さもさもいやさうに、しんねりと目をつぶりながら、首をそっ方へ向けるのでした。（⑤）もっとちひさなおしゃべりの鳥などは、いつでもよだかのまっかうから悪口をしました。（⑥）
> 　　　　　　　　　　　　　　　　　　　　　　　　　（宮沢賢治『よだかの星』）

　上記の文章サンプルⅠは①～⑥の6つの文で構成されており、以下の4つの箇所で改行が行われている。

　1箇所目…①文目と②文目の間
　2箇所目…②文目と③文目の間
　3箇所目…③文目と④文目の間
　4箇所目…④文目と⑤文目の間

　このような改行は、主に文章中の意味的まとまりの境界を示すことを目的として書き手が意図的に行うものであり、改行という手法で区切られた文章単位を一般に形式段落と呼ぶ[*3]。

　例文1は、5つの形式段落で構成されており、表面上、隣接する形式段落同士が相互に何らかの意味関係で結びつき、1つの意味的まとまりを形成しているかのように見える。

　しかしながら、文章の意味的まとまりは、決して、隣接する形式段落同士が一元的に結合してできているわけではない。実際には、図2.1のように、多元階層的に結びつき、1つの意味的まとまりを形成している。

　図2.1に示した意味的まとまりは、一般に形式段落と区別して意味段落と称される。また、意味的まとまりの階層の上下を区別する目的で、相対的に上層にある段落のことを大段落、下層にある段落のことを小段落、両者の中間に位置する段落のことを中段落と呼ぶことがある。

　このような意味段落の境界は、改行という手法を用いた形式段落の境界と部分的にしか一致しない。図2.1に示す個々のまとまりやまとまりの階層性を、改行という手法のみで示すことには限界がある。

---

*3　近年、マニュアルやリーフレットなどにおいて形式段落の1文目の冒頭の字下げが行われていない文章をよく目にするようになったが、規範的な表記では、形式段落の1文目の冒頭は1字下げる。

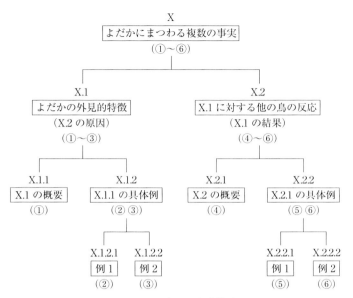

図 2.1 例文1の意味構造

したがって、文章の概要を把握し、表現する際には、改行という手法だけでは表しきれない個々の意味段落の階層構造を読み取る力が必要とされる。

個々の意味段落の階層性を読み取ることで、例えば、例文1の概要を求められた際に、X.1の概要に当たるX.1.1とX.2の概要に当たるX.2.1を両者の意味関係を考慮し組み合わせ「よだかは実にみにくい鳥なので、ほかの鳥はよだかの顔を見ただけでもいやになってしまう」と表現することが可能となる[*4]。

なお、形式段落と形式段落の境界を示す手法には、改行だけでなく、改行に加え行間を空けるという手法も存在する。この場合、行間で区切られた段落は、改行のみで区切られた段落よりも上層にある段落を表す[*5]。

以上、日本語の文章における段落の基本的な特性について見てきた。段落と呼

[*4] このほかの概要の示し方としては、①の文と④の文を一続きにせず、句点「。」で区切ったり、④の文を「ほかの鳥は、よだかのことをきらっている」というように、ほぼ同じ意味のより簡潔な表現に置き換えたり、②③、⑤⑥の具体例を簡潔な文に直し、①、④のそれぞれの文に付加するという方法が考えられる。指定された文字数で概要を作成する際には、文字数を調節するためにしばしばこれらのストラテジーが用いられる。

[*5] 詩においても、行間を用いて意味的まとまりが示されることがある。その場合のまとまりに対しては、一般に「段落」ではなく「連」という用語が用いられる。

ばれる意味的まとまりは、前述のように文章や談話の直接的な構成要素となりうる単位であるが、特に文章の直接的な構成要素となる単位には、このほか、「部」「章」「節」「項」と呼ばれる単位が存在する。いずれも、段落と呼ばれる単位よりも上位の階層にある、比較的広範囲の意味的まとまりに相当し、前の単位、たとえば「部」は後の単位「章」よりも上位の階層にある単位を示す。これらの単位の境界は、通常、「第１部（タイトル）」というように、数詞とタイトルを伴った見出しを、該当する意味的まとまりの前部に配置することで示される。

2.1.2 文章展開

2.1.1 項で見たように、文章は、様々な階層の意味段落が複合し１つのまとまりを形成している。また、同一階層の意味段落同士は、原因と結果、概要と具体例など何らかの意味関係で結びついている。しかしながら、個々の段落が互いに何らかの意味関係で結びついていること自体は、文章としてのまとまりを形成する上での必要条件ではあっても十分条件ではない。

例文２

［１］　古墳の造営が盛んに行われた３世紀後半から７世紀末頃までを古墳時代という。

［２］　６世紀前半から７世紀の半ばにかけての後期には、小規模な円墳が１カ所に10数基から100基以上も集中して存在する、群集墳が登場する。農業生産力の高まりにより、それまで豪族に支配されていた農民の中から有力な階層が台頭し、これらの有力農民層の間で造営された。

［３］　３世紀後半から４世紀後半にかけての前期には、小規模な前方後円墳の他、円墳、方墳などが、水田や集落を見渡す丘陵上に単独で築かれ、大和政権と密接な関係にある豪族が埋葬された。

［４］　中期に当たる５世紀には大規模な前方後円墳が登場する。この最盛期の古墳には、平野の中に小山のように墳丘を盛り上げ、濠をめぐらしたものが多い。古墳の巨大化は大和政権の最高の首長である大王の権力の強大化を物語っている。

たとえば、日本の歴史について記述している例文２では、［１］段落と［２］〜［４］段落が「古墳時代」というトピックとこのトピックにかかわる具体的な内容とい

う関係にあり、［2］段落と［3］段落では、後期の古墳と前期の古墳が、［3］段落と［4］段落では、前期の古墳と中期の古墳が対比されている。このように、［1］〜［4］のいずれの段落も隣接する意味段落と何らかの意味関係で結ばれている。しかしながら［2］［3］［4］という配列に違和感を覚える人は少なくない。これは、この順序が「より過去の出来事に焦点が置かれる場合を除き、通常、過去から未来に向かう時間軸に沿って物事を把握する」という我々の認知的傾向に部分的に違反することに起因する。

したがって、例文2は、［2］［3］［4］を我々の認知的傾向に合わせ［3］［4］［2］の順に並べ替えると全体的な統一感が生まれる。

このように、文章全体のまとまりは、我々の認知的傾向と深く結びついているのである。

理想的な文章展開パターンを示すものとして用いられることのある「序破急」「起承転結」といった用語もこのような我々の認知的傾向と無縁ではない。

「序破急」という用語は、もともと雅楽における楽曲を構成する3つの楽章を表し、第1楽章に当たる「序」では、拍子を伴わずゆっくりとした速度で、第2楽章に当たる「破」では、拍子が加わり「序」よりも速い速度で、第3楽章の「急」では、「破」よりもさらに加速して演奏する。3部構成か否かは別とし「静から動へ」「穏から急へ」と展開するこのような演奏法は、邦楽のみならず世界の音楽に広く認められるものであり、また、このような技法は、音楽のみならず演劇・文学など、ストーリー性を有する創作にもよく用いられる。たとえば、おとぎ話の一つとして知られる「桃太郎」も、主人公の桃太郎の行動に着目すると、桃から生まれた桃太郎がおじいさんとおばあさんに育てられるという非能動的な場面に始まり、成長した桃太郎が鬼退治の旅に出かけるという能動的な場面に移り、最後は仲間と共に鬼を退治し、めでたくおじいさんとおばあさんのもとへ帰るという、冒頭の場面よりも躍動的な行動とその終止をもって幕を閉じる。

このようにストーリー性を有する創作において「静から動へ」「穏から急へ」という展開が好んで用いられるのは、我々の心が「静から動へ」「穏から急へ」向かう展開に惹きつけられやすい、別の言葉で表現すると、そのような展開に心を奪われやすいという認知的傾向を有しているからにほかならない。

もとは4行からなる絶句の展開構成に対して用いられた「起承転結」という用語も同様で、ストーリー性を有する創作において「起承転結」という展開が好まれる、あるいは、認められるのは、我々が「起」に始まり、「起」を受け継いだ「承」

が「承」とは趣の異なる「転」に転じ、この「転」が「結」に至って完結するという展開に、興趣や統一感を覚えるからにほかならない。

　もっとも、前述のように、今日では「序破急」「起承転結」などの用語は、ストーリー性のある創作の展開に対してだけでなく、論理的な文章展開に対しても用いられる。ただし、この場合には、「静から動へ」「穏から急へ」「ある場面からそれまでとは趣を異にする場面へ」という展開としてではなく、我々が論理的に物事を理解するのに適した展開パターンを意味する用語として用いられる。

　では、論理的な文章を理解するのに適した展開パターン、あるいは、論理的な文章においてよく用いられる展開パターンとはどのようなものなのであろうか。次に、論理的な文章展開とはどのようなものかについて見ていく。

2.1.3　論理的な文章展開

　一口に論理的な文章と言っても、ある問、問に対する答え、答えの妥当性を証明する客観的根拠の3要素を必須要素とする学術論文に近いものから、ある現状、その現状に対する自らの見解や主張、この妥当性を証明する客観的理由の3要素を必須要素とする主張文（提言文）まで様々なものが存在する。

　前者の学術論文に近い文章の場合、主題に当たる問、答えとなる結論、答えの妥当性を証明する客観的根拠は、大枠、次のAもしくはBの順序で提示される。

A. 客観的根拠とみなせる事実に基づき、妥当な結論を推測する

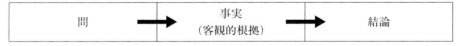

B. 予め設定した仮説を検証し、妥当性が認められた仮説を結論とする

　A・B各々の思考の流れを簡単な具体例で見てみよう。

　今、あなたは、入学した大学の新入生歓迎会で、ある箱の中に入っているものを、中身を見ずに当てるゲームをしているとする。箱の中に手を入れる際には、くれぐれも注意してそっと入れるよう言われていたので、恐る恐る箱の中に手を入れてみると、何やら動物の毛のようなものに触れる。すると、突然それが動き出し、驚いて、手を箱から引っ込める。その後、あなたは、次のような推論を行ったとする。

箱の中に手を入れる際に注意してそっと入れるよう言われた（事実1）	→	危険なものが入っている（推論的帰結1）
手に触れたものは動物の毛のようであり，触ると同時に動いた（事実2）	→	中には毛の生えた動物がいる（推論的帰結2）
箱のサイズは，それほど大きくない（事実3）	→	箱の中にハムスターかモルモットが入っている（結論）

　この場合、事実に基づき、ある推論的帰結を導き出し、さらに異なる事実とこの推論的帰結から、また新たな推論的帰結を導き出すというように、根拠に基づく推論を繰り返し、最終的な結論を導き出している。このような思考の流れは、Aのタイプに相当し、帰納法と称される。

　次に、Bのタイプの思考の流れを見てみる。

　先のゲームの続きで、あなたは、いったんは、箱の中のものをハムスターかモルモットのような小動物と結論づけたものの、その後ある疑問が頭によぎる。「小動物など持ち運びが面倒なものをわざわざゲームに使うだろうか。実は、小動物に見せかけた何か別のものではなかったのだろうか」。その後、触感の類似するあるものが思い浮かんだ。それは、エクステ、すなわち、部分かつらである。そこで、仮に、箱の中身がエクステであるとして、今までの事実がこの仮説と矛盾しないか検証してみることにした。

　まず「箱の中に手を入れる際に注意してそっと入れるよう言われた」という事実1については、危険なものが入っていると思わせ、じっくり触らせないための作戦であったと考えれば、箱の中身が危険なものに当たらないエクステであったという仮説と矛盾しない（検証1）。次に「手に触れたものは動物の毛のようであり、触ると同時に動いた」という事実2については、エクステがゴムのようなものでつるされており、触ると動く仕組みになっていたと考えれば同じく仮説と矛盾しない（検証2）。最後に「箱のサイズは、それほど大きくない」という事実3については、普通のかつらであれば箱の中に入りきらないが、部分かつらであれば十分に箱の中に収まるのでこれも仮説と矛盾しない（検証3）。以上の検証結果から、あなたは、最終的な結論を「エクステ」に変更した。

　この場合、ある仮説について、いくつかの事実と矛盾しないことを検証した上で、この仮説を結論として認定している。このような思考の流れは、Bのタイプに相当し、演繹法と称される。なお、Bの場合、最初に立てた仮説の妥当性が客観的根拠をもって否定されることもある。その場合は、仮説の修正を行い、再度

修正した仮説の検証を試みることになる。

　A・Bのいずれの思考パターンも、論理的に結論を導き出そうとする際に、我々が日常的に行っているものであり、学術論文に近い文章の大枠においてよく用いられる展開方法である。

　では、ある現状、その現状に対する自らの見解や主張、この妥当性を証明する客観的理由の３要素を必須要素とする主張文については、どのような展開方法が用いられるのであろうか。

　主張文においても以下のａのような帰納的な展開方法とｂのような演繹的な展開方法があり、前者は尾括式、後者は頭括式と称される。また、ｃは両括式と称される[*6]。このほか、ｄやｅのようなものもある。

a. 根拠となる客観的理由を挙げた後、結論となる自らの見解や主張を最後に提示する。
b. 結論を先に提示してその結論の妥当性を、事実を挙げながら検証する。
c. 結論が最初と最後の両方に現れる。
d. 同種の結論が異なる根拠と共に複数回登場する。
e. ある現状について関連性はあるものの方向性の異なる複数の結論が挙げられている。

　ここでは、ｄ・ｅのタイプの展開について具体例を見ていく。次の例文３は、2012年７月28日の朝日新聞の社説「最低賃金　底上げは社会全体で」に形式段落の番号を付したものである。[5][11]〜[16]に提言が含まれている。

例文３

[1]　働く人の賃金が生活保護の水準を下回る「逆転現象」が、なかなか解消されない。

[2]　最低賃金の今年度の引き上げ目安額は、全国平均で７円にとどまった。この通りになると、時給は平均744円になる。

[3]　逆転現象が起きていた11都道府県については、引き上げ額の目安に幅を持たせた。今後、都道府県ごとに最低賃金を決めるが、目安に沿って

[*6] 日本語の論説文においては、最終結論が文章の最後に現れる帰納的展開が好まれる傾向にあるが、この傾向はすべての言語に共通するものではない。メイナード（1997：pp.123-142）は、先行研究の分析結果に基づき日本語、中国語、フィンランド語では、帰納的展開を好むが、ドイツ語や英語では、演繹的展開を好む傾向にあるとしている。

最大限引き上げても、北海道と宮城県では逆転したままだ。

[4]　目安額は、厚生労働省の審議会で労使が徹夜で議論したものの、大震災が影響して低水準となった昨年度の実績額と同じ。景気に明るさが見えていただけに、残念だ。

[5]　かつて最低賃金は、おもに主婦パートや学生アルバイトが対象とみられていた。今はそれに近い水準で生計を立てている人も多い。逆転解消は不可欠だ。

[6]　気になるのは、生活保護への風当たりが強まっていることである。自民党は保護費の水準を10％引き下げる政策を掲げる。

[7]　厚労省は5年に1度の消費実態調査の結果を受け、保護費の見直し作業に入っている。

[8]　今年中には報告書がとりまとめられるが、デフレ傾向を反映して保護費が引き下げられる可能性が高い。

[9]　その動きに連動し、最低賃金を抑えようという考え方では、デフレを加速させかねない。賃金が低迷すれば、人々は低価格志向を強め、それが人件費をさらに押し下げる圧力になる。

[10]　賃金が安く、雇用が不安定なワーキングプアが増えれば、結局、生活保護費はふくらむ。

[11]　こんな悪循環から脱出するためにも、最低賃金は引き上げていきたい。

[12]　ただ、低い賃金で働く人が多い中小・零細企業ばかりにコストを負わせるのは酷だろう。社会全体で取り組むべきだ。

[13]　経済構造を変えて、まともな賃金を払えるような付加価値の高い雇用をつくる。そこへ労働者を移していくために、職業訓練の機会を用意し、その間の生活を保障する。

[14]　雇用の拡大が見込まれる医療や介護の分野では、きちんと生活できる賃金が払えるよう、税や保険料の投入を増やすことも迫られよう。

[15]　非正社員と正社員の待遇格差も是正する。そのために、正社員が既得権を手放すことになるかもしれない。

[16]　いずれにせよ、国民全体で負担を分かち合わなければならない。私たち一人ひとりにかかわる問題として、最低賃金をとらえ直そう。

（「最低賃金　底上げは社会全体で」朝日新聞社説、2012年7月28日朝刊）

［5］にある「逆転解消」の「逆転」は、［1］で登場する「働く人の賃金が生活保護の水準を下回る『逆転現象』」を指している。また、［11］の「こんな悪循環」は、［6］から［10］で述べられている、「逆転現象解消のために生活保護費を引き下げると、連動して最低賃金が抑えられ、デフレが加速し、人件費を押し下げるために賃金がさらに安くなり、雇用の不安定なワーキングプアが増え、結局生活保護費がふくらむ」という内容を指している。

　［5］［11］〜［16］の7つの箇所にある著者の提言のうち、［5］は、「働く人の賃金が生活保護の水準を下回る」という現状に対して、「働く人の最低賃金が生活保護の水準を上回るようにするべきだ」という主旨の提言を行っている。これに対し、［11］は、［5］の提言を受け、具体的方法として「最低賃金を引き上げるべきだ」という主旨の提言を行っている。また、［12］［16］では［11］の提言を受け、「［11］を実現するためには社会全体でこの問題に取り組まなければならない」という同様の主旨の提言を行っている。さらに、［12］［16］の中間に位置する［13］〜［15］では、［12］［16］の提言を実現するための具体的方法として「付加価値の高い雇用をつくると同時に、そこへ労働者を投入するために職業訓練の機会を用意し、その間の生活を保障する」「雇用の拡大が見込まれる医療や介護の分野では税や保険料の投入を増やす」「非正社員と正社員の待遇格差を是正する」という3種類の提言を行っている。

　これらいずれの提言も「働く人の最低賃金が生活保護の水準を下回る」という社会問題を解消するための提言である点では一致している。しかし、［11］は、［5］の提言を実行するための方法について言及するものであり、［12］［16］は、［11］の提言を実行するための方法について言及するものであり、［13］〜［15］は、［12］［16］の提言を実行するための方法について言及するものである点で、［5］の提言、［11］の提言、［12］［16］の提言、［13］〜［15］の提言は異なる次元に置かれている。

　このように例文3では「d．同種の結論が異なる根拠と共に複数回登場」しており「e．ある現状について関連性はあるものの方向性の異なる複数の結論が挙げられている」。d・eの展開方法は、a〜cに比べて構造的に複雑ではあるが、ある特定の現象（その多くは時事問題）を、様々な角度から内容を掘り下げて論じていくことが要求される社説では、総じてdやeの展開方法が取られやすい。ただし、このような場合も、個々の結論は、根拠の後に現れると同時に、包括的結論は最終段落に現れる傾向にある。

2.2 談話の展開

2.2.1 談話の種類

談話も、2.1節で見た文章と同じく、いくつかの、様々なレベルの意味的まとまりで構成されている。このような談話を構成する意味的まとまりのうち、1発話以上のまとまりから構成される単位は、話段と呼ばれる。また、談話にも、文章同様、その種類に応じた展開バリエーションが存在する。

この談話展開のバリエーションを考える上では、まず、図2.2の座標軸が示す「話し手が特定の1人に固定されているか、話し手と聞き手が交替するか」「トピック・展開が予め設定されているか否か」の2つの要因を念頭に入れる必要がある。なぜなら、これらの要因は、談話を構成する話段同士の連結の仕方や話段を構成する発話の連結の仕方を左右するからである。

これら2つの要因を座標軸とする図2.2の座標上には、我々の生活空間に存在する様々な種類の談話の一部を挙げた。これらの談話以外にも、授業、会議、ニュース、漫談、面接、裁判、レストランでの注文など様々な種類の談話がこの座標上のどこかに位置づけられる。

以下では、本座標上に位置づけられる様々な種類の談話のうち、特に、話し手と聞き手が交替する（対話形式）タイプの談話を対象に、「話者交替」「話段の連結の仕方」の2つの観点から、その展開上の特徴を探っていく。

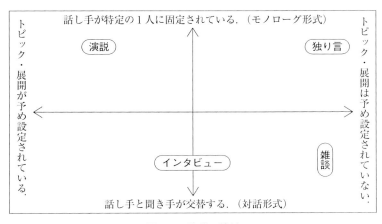

図2.2 談話の種類

2.2.2 話者交替

対話形式の談話に現れる発話には、実質的な内容を持つ「実質的発話」とこのような内容を持たない「あいづち的発話」の2種類が存在する[*7]。具体例を示すと、以下の例文4の9のm01の「なるほどね。」、9のm01の発話中に挿入されている {m02 021 そうですね}、10のm02の「そうですね。」はあいづち的発話に相当する。

例文4

参加者：旅行会社横浜支社企画課課長 m01、同課社員 m02、m03、f01 の計4名

9	m01	なるほどね。で、季節的にも、{f01 004 〈ンン〉} {m02 021 そうですね} 秋から冬にかけても、温泉っていうのはマッチしてるっていうことだね。
10	m02	そうですね。
11	m01	［えー］じゃあ石川さんはどうでしょうか。

(RWCP 会議音声データベース[*8]：会議1 "trans" フォルダ内のテキスト)

一方、このようなあいづち的発話、9のm01の非音声の {f01 004 〈ンン〉}、11のm01のフィラーの［えー］を除く部分が実質的発話に相当する[*9]。

例文4の9、10、11の各単位は、「RWCP 会議音声データベース（RWCP-SP01）」で規定されている、1人の話者が相手に発言権を譲渡するまでに発した、一連の

[*7] 杉戸（1987：p.88）は、「あいづち的発話」として、応答詞を中心とする発話、オーム返しや単純な聞きかえしの発話、感動詞だけの発話、笑い声、実質的な内容を積極的に表現する言語形式を含まず、また判断・要求・質問など聞き手に積極的なはたらきかけもしないような発話を挙げている。また、「実質的な発話」については、なんらかの実質的な内容を表す言語形式を含み、判断・説明・質問・回答・要求など事実の叙述や聞き手へのはたらきかけをする発話と規定している。

[*8] 「RWCP 会議音声データベース（RWCP-SP01）」は、技術研究組合 新情報処理開発機構 RWCP（Real World Computing Partnership）知的資源 WG が提供する、4名以上が参加する模擬会議の音声データである。

[*9] 例文4のm01、m02、m03、f01は、話者IDに相当する。頭のm、fは、各々、男性、女性を示す。〈 〉は、笑い声や咳などの非音声を、［ ］は、冗長語、無意味語を、{ } は、発言権を獲得している話者の発話中に現れた、他の話者の呼気、ノイズ、非音声、あいづちを表すのに用いられている。{ } の単位は、発言権を持つ話者の発声境界（ポーズ位置）に挿入されているが、実際にこの位置にあるものだけでなく、その直前の発声単位と重複するものについても、同様の記載がなされている。

音声区間に相当するが、このような単位とは別に、実質的発話が他の話者から受け継がれ、再び他の話者に受け継がれるまでの、1人の話者の発話の連続体を、ターンと呼ぶことがある[*10]。例文4の場合、m01のターンは、m01以外の話者のターンが終了した直後の9から始まり、m01以外の話者のターンが開始する直前の11で終わる。10は、実質的発話ではないので、独立したターンとはみなされない。

Sacks, et al.（1974：p.704）は、ターン交替に付随する発話の権利と義務の配分に関して以下の規則を挙げている。

1（a） 現話者による次話者の選択という方法によりターン交替が生じている場合には、現話者により選択された次話者が次のターンを保有する権利と義務を得る。
 （b） 現話者による次話者の選択という方法を用いたターン交替が生じていない場合には、必ずしもそうしなければならないわけではないが、次話者が自己選択を行ってもよい。その際、最初に話を切り出したものがターンの権利を獲得し、その位置でターン交替が生じる。
 （c） 現話者による次話者の選択という方法を用いたターン交替が生じていない場合には、現話者以外の参加者による次話者の自己選択が生じない限り、現話者は発話を継続してもよい。
2 1（a）や1（b）によるターン交替が生じておらず、1（c）が続いている場合には、ターン交替が生じるまで、交替可能な箇所において1（a）〜1（c）の適用が繰り返される。

対話形式の談話では、通常、Sacks, et al.（1974）が挙げるような「現話者による次話者の選択」もしくは「次話者の自己選択」の実現により、現話者と次話者間でのターン交替が生じる。ただし、「現話者による次話者の選択」や「次話者の自己選択」の自由度は談話の種類によって異なる。

たとえば、制度的な談話規則に拘束されない雑談においては、基本的に、いずれの参加者にも「現話者による次話者の選択」「次話者の自己選択」の自由が認

[*10] ただし、ターンの認定の仕方は研究者によりやや異なる。たとえば、木暮（2002）は、実質的発話を含む、1人の話者の発話の連続体を話し手ターンと呼び、あいづち的発話のうち、あいづち詞や感嘆詞、笑い声などの非言語行動を除くもののみからなる発話連続体を聞き手ターンと呼んでいる。

出来事	授業						
段階	開始		教示				終了
連鎖の型	指示	情報提示	トピックの集合		トピックの集合		情報提示	指示
			誘導	誘導	誘導	誘導		
連鎖の構造	I-R-E	I-R-($^E\phi$)	I-R-E	I-R-E	I-R-E	I-R-E	I-R-($^E\phi$)	I-R-E
参加者	T-S-T	T-S-T	T-S-T	T-S-T	T-S-T	T-S-T	T-S-T	T-S-T

⟶ 連鎖の成り立ち ⟶

T＝教師，S＝生徒，I-R-E＝働きかけ-応答-評価
連鎖（$^E\phi$）＝情報提示における評価の選択性

図 2.3 教室活動の構造（Mehan, 1979：p.73）

められている。もっとも、談話の参加者数、参加者の性別、参加者間の親疎関係、社会的な力関係、参加者の個性、取り上げる話題、参加者の情報量、参加者の言語能力、談話場面などにより、参加者間で「現話者による次話者の選択」「次話者の自己選択」の比率に差が生じる可能性はある。

　一方、たとえば、小学校の算数の授業の談話はどうだろうか。通常このような授業の談話は、教師という役割を担う大人と、生徒という役割を担う子供の間で構築されていく。

　教室活動の構造を分析した Mehan（1979）は、教室活動の主たる構造として図 2.3 を挙げている。

　図 2.3 より、Mehan の示した教室活動が基本的に「教師による働きかけ」─「生徒による応答」─「教師による評価」からなる単位の連鎖で構成されていることがわかる。すべての教室活動が厳密にこのモデルに当てはまるわけではないが、「教師による働きかけ」─「生徒による応答」─「教師による評価」を基本とする連鎖は、教室活動に見られる特質の1つと見ることができる。

　そして、「教師による働きかけ」─「生徒による応答」─「教師による評価」の各々を遂行する、教師と生徒のターンは、基本的に「教師による他者選択」「教師による自己選択」により交替する。したがって、教室談話においては、主に教師が談話を管理しており、ターン選択における自由度に関して、「教師＞生徒」という暗黙のルールが存在していると考えられる[11]。

2.2.3 話段の連結の仕方

2.2.1項で述べたように、談話を構成する、1発話以上の意味的まとまりは、話段と呼ばれる。しかしながら、複数の参加者の協力により作られる対話形式の談話においては、トピックにより統括される単位のみならず、発話参加者の目的により統括される単位や、呼応関係にある、異なる話者同士の発話対により統括される単位が存在する。

たとえば、薄井（2007：p.79）のシークエンス（6）として挙げられている次の例文5は、呼応関係にある、異なる話者同士の発話対により統括される単位に相当する。

```
┌ 例文 5 ─────────────────────────────
│ 01G：「ビールもらえますか？」    （質問1）［→要請］
│ 02H：「21歳以上？」              （質問2）
│ 03G：「いや」                    （返答2）
│ 04H：「じゃあ、だめだ」          （返答1）［→断り］
└─────────────────────────────────
```

（薄井（2007：79）のシークエンス（6））

例文5として挙げた発話の連続体は、01Gの「要請」という機能を持った質問1と、この「要請」に対する04Hの「断り」の機能を持った返答1により統括されている。01Gと04Hに挟まれた02Hと03Gも、質問-返答という呼応関係にあるが、この発話対は、04Hの「断り」の理由・根拠として機能している。したがって、01Gから04Hまでの発話連続体は、02Hと03Gからなる発話対を04Hの「断り」の根拠として内包する、「要請」-「断り」という発話対により統括される意味的まとまりとして見ることができる。なお、01Gの（質問1）［→要請］と04Hの（返答1）［→断り］からなる発話対や、02Hの（質問2）と03Gの（返答2）からなる発話対のように、発話行為というレベルでの呼応関係にある発話対は、隣接ペア（adjacency pairs）[12]と呼ばれている。

また、発話参加者の目的に着目した場合、例文5に挙げた発話連続体は、「要請」という目的により統括される01Gの部分と「諾否の遂行」という目的により統

---

[11] Mehanの調査結果（p.80のTable2.3）では、「教師の働きかけ」から始まる連鎖と「生徒の働きかけ」から始まる連鎖の比率は、81.1％対17.9％であり、この結果からもターン選択の自由度が「教師＞生徒」であることがうかがえる。

括される02Hから04Hまでの部分とに分割される[*13]。

このように、2人以上の参加者の協働構築を前提とする対話型談話では、1発話以上の意味的まとまりとして、トピックとは異なる観点により統括される単位が存在する。しかし、その一方で、文章と同様、トピックにより統括される単位も存在する。このような単位におけるトピックは、例文6の03Aのように、話者が交替した後の新話者の実質的発話の1文目に導入される場合もあれば、07Bのように、2文目以降に導入される場合もある。

例文6

〈親しい関係にある同学年の女子大生2人の会話〉

01A:「ねえ、F先生のレポート 終わった？」
02B:「んー、まだ。締め切り来週の終わりじゃけぇ、まだいいかなぁって」
03A:「ふーん、そういえば、来週って、卒アルの写真撮影 よね？」
04B:「えっ、そうだった？ 再来週じゃない？」
05A:「いや、確か来週の木曜だったと思う」
06B:「ちょっと待って」
(Bがスケジュール確認をする)

[*12] Schegloff & Sacks (1973) は、このような発話対のうち隣接した位置関係にあるものを「隣接ペア」としているが、Schegloff (2007) では、このような隣接ペアを基本形とする拡張形として「後方拡張（post-expansion）」「前方拡張（pre-expansion）」「挿入拡張（insert-expansion）」を提示している。例文5の発話連続体は、このうちの「挿入拡張」の例に相当し、基本形の第1成分と第2成分の間に第3成分の話者（＝第1成分の聞き手）により開始される別の隣接ペアが挿入されている。

[*13] 例文5では「要請」という目的により統括される発話連続体が、「～もらえますか？」という要請を表す文末形式で終わる1発話から成り立っている。しかし、次の例文のように、特定の目的を持つ発話連続体が複数の発話から成り立っていたり、目的とする行為が婉曲的に遂行されていたり、後続する発話連続体の目的により、先行する発話連続体の目的が意味づけられていたりする場合もある。

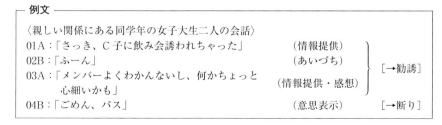

07B:「わっ、ほんまじゃ。何着よう。って、その前にレポート書かんといけん。はぁ…。 ~~レポート~~ *14 もう、終わった?」
08A:「うちもまだ」

　が、いずれにしろ、トピック選択は、あいづち的発話を行っている話者ではなく、実質的発話を行っている話者によりなされる。
　また、ターン選択の自由度が談話の種類により異なるように、トピック選択の自由度も、談話の種類により異なる。
　たとえば、例文6のように、親しい関係にある同学年の女子大生同士の雑談の場合、各発話者間で、ターン選択、トピック選択の自由度に大きな差は存在しない。しかしながら、大学の推薦入試における面接場面においては、トピック選択の自由度において「面接者＞被面接者（＝受験者）」という差が存在する。具体的に述べると、面接者は、被面接者に対して、「志望動機」「将来計画」などのトピックについて質問を行い、被面接者はこの質問に対する回答を行う。また、面接者は、被面接者の回答の中から新しいトピックを探し、このトピックについて質問をすることもある。しかしながら、被面接者には、質問者が設定したトピックの下位トピックを選択する自由は与えられているものの、質問者が導入したトピックと異なるトピックを選択する自由は与えられていない。
　このような大学の推薦入試の面接場面における、参加者間でのトピック選択率の差は、制度的な談話展開規則に起因すると考えられるが、このほかにも、社会的な力関係が参加者間でのトピック選択率に影響することもある*15。
　以上、2.2.3項では、談話を構成する1発話以上の意味単位の種類、新トピックの開始位置、ならびに、トピック選択の自由度について取り上げた。話段の連結を考える上では、このほか、トピックの階層性、トピック間の結束性、談話全体のトピック構造にも目を向ける必要があろう。
　2.2節では、話し手と聞き手が交替する（対話形式）タイプの談話展開の一般的特徴を見てきたが、次の2.3節では、このような談話の中から、組織としての意思決定と深くかかわる会議を取り上げ、会議の進め方の特徴について見ていく。

---

*14 07Bの発話中の「(~~レポート~~)」は、音声化されてはいないが、意味的に「もう、終わった?」という発話の主題として存在していることを表す。先行発話中にある「レポート」と照応関係にある。
*15 たとえば、三牧（2013）では、学生同士の初対面会話において、性別に関係なく、上位者が下位者より、話題を管理する傾向にあるという調査結果が示されている。

2.3　会議の進め方

　会議には、「家族会議」のような公式性、公然性の低いものから、「国会会議」のように公式性、公然性の高いものまで様々なものが存在する。

　ここでは、これらのうち、公式性、公然性の高い会議に焦点を当て、「会議に不可欠な要素」「会議の目的」「会議の議題」「会議の参加者」「会議のプロセス」「会議の公式性、公然性」の6つの観点からこのような会議の談話上の特色を見ていく。

2.3.1　会議に不可欠な要素

　会議は、特定の組織が、組織としての何らかの活動を遂行するために、次のⅠやⅡの行為を行う場であり、会議の目的と関わる特定の議題のもとで、参加者により、報告、説明、意見交換、議決などの諸活動が繰り広げられる。

　Ⅰ．組織の構成員もしくはその代表者間で情報を共有する。
　Ⅱ．組織としての意思決定を行う。

　したがって、会議の場には、次の3つの存在が不可欠である。

① （会議の）目的
② （会議の目的を達成するために設定された）議題
③ （目的と議題に即した諸活動を行う）参加者

2.3.2　会議の目的

　2.3.1項に挙げたⅠとⅡの行為は、会議の目的としても位置づけられるが、その際、次の2点に留意する必要がある。

　まず、1つ目は、確かに、これらはいずれも会議の目的とみなすことが可能であるが、さらに上位の目的の手段としても位置づけられるという点である。

　たとえば、ある会議で、これから行われるイベントの打ち合わせが行われたとする。この会議は、参加者間でイベントに関する情報を共有することを目的としているが、情報共有という行為自体は、これから行われるイベントを円滑に進めるための手段として位置づけられる。

　また、ある会議で、ある問題の調査が行われたとする。この会議は、取り上げ

られた問題についての情報収集と情報共有を目的としているが、情報収集、情報共有という行為自体は、この問題をどう解決すればよいのかについての案を講じるための手段として位置づけられる。

次に、2つ目の留意点は、ⅠとⅡの行為は、独立して存在しているわけではないという点である。

先に述べたように、調査を目的とする会議は、情報収集とⅠの情報共有を目的とするものとして位置づけられると同時に、将来的にⅡの意思決定の対象となる案を講じるための手段として位置づけられる。

このように、Ⅰの行為はⅡの行為に寄与する行為と見ることができる。

2.3.3　会議の議題

会議で扱うⅠやⅡの行為を目的とする特定のトピックは、議題、案件、アジェンダなどと称される。

ここで、休憩時間を含め1つの時間的まとまりを持つ会議を1回として数えると、1回の会議で扱われる議題は、1つであることもあれば、複数であることもある。

また、同一の議題が複数の回に渡って扱われることもある。同一の議題の調査や審議が複数の回に渡って継続される場合、このような形で進められる調査や審議を継続調査、継続審議と呼ぶ。

さらに、1回の会議の中で扱われる複数の議題の中には、主従関係にある議題が存在することもある。たとえば、「××委員会の委員長選出」という議題に対し、「委員長の選出方法の確認」「選挙管理委員の選出」などの議題が先の議題に先行し付随的に取り上げられることもある。

2.3.4　会議の参加者

公式的な組織を開催母体とする、公式性、公然性の高い会議においては、その組織の構成員のすべて、もしくは、その組織の代表者を参加者とする会議が、特定の期間をおいて繰り返されることも少なくない。その場合、会議の参加者は、その都度、新しく決められる場合もあれば、期間中、変わらない場合もある。ただし、同じ参加者で継続的に会議を行う場合でも、議題の内容により、臨時的にそれ以外の参加者を参考人として要請する場合もある。

また、公式性、公然性の高い会議においては、その会議の参加者の中から選出

された議長のみが、その進行や参加者の発言権を管理する権限を持ち、それ以外の参加者はこのような権限を持たないことが多い。

さらに、議長以外の参加者については、すべての参加者が会議にかかわる同一の権限を持っている場合もあれば、参加者により権限が異なる場合もある。たとえば、参考人として呼ばれた臨時的な参加者は、議長やその他の参加者の要望に応じて説明する権利と義務が与えられているが、他の参加者に質問を行う権限は与えられていないことが多い。また、継続的な参加者であっても、議長の許可を得て発言する権利は与えられているが、議決に加わる権利は与えられていない参加者や、発言権・議決権のいずれも持たない参加者が存在することもある。

2.3.5 会議の進行プロセス

会議の場で組織としての何らかの意思決定を行う際には、意思決定のための審議対象となる案が予め用意されていることもある。このような案を原案と呼ぶ。原案が作成された後、組織としてこれを実行することが承認されるまでには、次の表2.1に示す原案に対する3つの行動プロセスが存在する。

では、各段階の行動は、会議という場において、具体的にどのような種類の言語行動により体現されるのであろうか。この点について、以下、国会の会議をモデルに考えてみる。

国会は、周知の通り、衆議院と参議院から成り立ち、各議院の下部組織に当たる委員会が所属議院から付託された調査や案件の審査などを行っている。以下、第183回国会衆議院災害対策特別委員会（以下「災害対策委員会」と略称する）に内閣より付託された「災害対策基本法等の一部を改正する法律案（内閣提出第五六号）」「大規模災害からの復興に関する法律案（内閣提出第五七号）」が委員会で承認されるまでのプロセスを見ながら、段階1から段階3までの行動がどのような種類の言語行動により体現されているのかを見ていく。

本法律案が、内閣より災害対策委員会に付託されたのは平成25年5月9日であり、同日に行われた第4号の委員会冒頭において、議長より本法律案を議題と

表2.1　組織としての意思決定に向けた原案に対する行動プロセス

段階1	会議の参加者への原案の提示
段階2	会議の参加者による原案の審議
段階3	会議の参加者による原案の承認

するとの発表があった後、防災大臣より本法律案の趣旨説明が行われ、その日の会議は終了している。

次の第5号の委員会では、本法律案について参考人から意見を聴取するために委員と参考人との間で質疑応答が行われ、その日の会議は終了している。

次の第6号の委員会では、次回、参考人出頭を要求すること、ならびに、日時、人選について委員長に一任することを謀り、委員の承認を得て、その日の会議は終了している。

次の第7号の委員会では、第5号と同様、参考人から意見を聴取するために委員と参考人との間で質疑応答が行われ、その日の会議は終了している。

次の第8号の委員会では、まず、その日に招いた参考人各位から15分ずつ説明があった後、委員と参考人との間で質疑応答が行われ、その日の会議は終了している。

次の第9号の委員会では、参考人から意見を聴取するために委員と参考人との間で質疑応答が行われた後、委員長より「これより両案を一括して討論に入るのでありますが、討論の申し出がありませんので、直ちに採決に入ります」という発言があり、2つの法案に対して賛成者に起立を求める形で採決を行っている。また、全員の賛成が確認された後、委員より付帯決議案が動議[*16]として提出され、代表者による動議内容の説明の後、先と同様、この動議について賛成者に起立を求める形で採決を行っている。結果は全員賛成で、この付帯決議を法案に付することを決した後、この日の会議は終了している[*17]。

以上の流れを表2.1のプロセスと照らし合わせて図示すると表2.2のようになる。

表2.2より、原案提示、原案審議、原案承認が、各々、説明、質疑応答、起立による採決という方法で遂行されていることがわかる。

具体的に見ていくと、まず、第1段階の原案提示については、委員長による原

[*16] 会議の議事は、原則、議長による管理のもと、予め用意された議題に沿って移行する。しかしながら、時に、会議中に、会議の参加者より、用意された議題以外の案件が提案されたり、予め用意された案件の修正が提案されたり、議事の進行に関する提案がなされたりする。このような提案を動議と呼ぶ。動議を承認するための条件は、会議により異なるが、多くの場合、動議提案者以外のセカンド（＝支持）を必要とする。

[*17] 起立以外にも、採決の方法には、「ご異議ございませんか」「異議なし」といった質問応答による同意確認、挙手、投票などの方法が存在し、その都度、場面に応じた方法が選択される。

表 2.2 「災害対策委員会」による法案可決までの流れ

日付と号	会議時間	原案に対する行動プロセス	原案提示, 原案審議, 原案承認の方法
H25.5.9. 第 4 号	19 m	原案提示	防災大臣による原案の趣旨説明
H25.5.10. 第 5 号	3 h 16 m	原案審議	参考人からの意見聴取（委員と参考人の質疑応答）
H25.5.15. 第 6 号	4 m		次回の会議方法の審議と承認
H25.5.17. 第 7 号	3 h 09 m	原案審議	参考人からの意見聴取（委員と参考人の質疑応答）
H25.5.21. 第 8 号	2 h 40 m	原案審議	参考人からの意見聴取（参考人からの説明，委員と参考人の質疑応答）
H25.5.23. 第 9 号	2 h 44 m	原案審議 原案承認	参考人からの意見聴取（委員と参考人の質疑応答） 起立による採決

案名の提示と原案作成の代表者からの説明という方法が取られている[*18]。次に、原案が妥当なものか否かの審議は、委員と参考人の間の質疑応答という形式で行われている。なお、その際、予め、委員と参考人との間には質問者と答弁者という固定した役割が与えられており、両者は議長の指名により、発言が許される。また、質問は、事前に委員長にその意向を告げておくという通告制が取られており、通告のない者の質問は認められない。委員会による原案審議のプロセスにおいては、質疑応答の直後、採決に入る直前に、通告制による原案に対する委員の意見表明が行われる。このプロセスは、討論と呼ばれ、特に、通告がない場合は、表 2.2 に示した第 9 号の会議のように省略される。

このように、日本の国会の場合、議院の下部組織に当たる委員会での原案審議では、「原案と関わる質疑応答」と「原案に対する意見表明」の 2 種類の言語行動が、異なる場面に分離し、個々がまとまって現れるという談話展開上の特徴が存在する。また、いずれも通告制という形をとることが一般的であり、1 回 1 回の会議における質問内容、答弁内容が予め準備されている。

一方、同じく議院の下部組織が行う会議であっても、調査を目的とする会議において、このような談話上の制約を持たない、自由討議という方式が採用されることもある。具体例を挙げると、第 183 回国会衆議院憲法審査会第 4 号では、「日本国憲法及び日本国憲法に密接に関連する基本法制に関する件（日本国憲法の各条章のうち、第五章の論点）」という案件のもとに、衆議院法制局当局からの説

[*18] 内閣が提出する法律案の原案作成は、それを所管する各省庁が行う。原案は、内閣法制局の審査、閣議請議、閣議決定を経て、内閣総理大臣より国会に提出される。

明を聴取、ならびに、各委員からの自由討議が行われている。自由討議においては、通告制は取っておらず、発言を希望する委員が手元のネームプレートを立てることで発言の意向を議長に示し、議長の指名のもとで発言するという方式を取っており、質問、答弁、意見表明のいずれも可能である。

　以上、公式性、公然性の高い国会の会議の進行プロセスについて見てきた。このようなプロセスは、国会の会議以外の、公式性、公然性の高い会議においても広く見られる。ただし、質問や意見表明の通告制、質疑応答と意見表明の場面分離といった談話展開上の特徴は、国会や地方議会に特有のものであって一般的な特徴ではない。

2.3.6　会議の公式性・公然性と談話管理

　先述のように、会議には、家族会議のような公式性、公然性の低いものから国会会議のように公式性、公然性の高いものまで様々なものが存在する。なお、ここでいう、公式性、公然性という概念は、我々の認知的プロトタイプに由来するものであって、厳密な定義によるものではない。では、どのような認知的要因がこれらの概念に影響しているのであろうか。例を挙げると、公式性に影響する要因の1つに、その会議が組織の中で公式的なものとして公的に認可されているか否かを挙げることができる。また、公然性に影響する認知的要因の1つに、その会議の様子がその会議での決定事項とかかわる人々に議事録や映像などで公開されているか否かを挙げることができる。このほか、会議に参加する参加者数や参加者の職位、原案の有無なども会議の公式性、公然性の度合いを左右するであろう。この公式性、公然性の相違は、会議の進め方とどう関係しているのであろうか。以下、談話管理という点からこの問題を考えていく。

　先の2.3.4項で述べたように、国会や地方議会のような、公式性、公然性の高い会議の場合、会議の参加者の中から選出された議長のみが、その進行や参加者の発言権を管理する権限を持ち、それ以外の参加者はこのような権限を持たないことが多い。この場合、議長以外の参加者たちは、議長の許可なしに発言権を所持することができず、現話者による次話者の選択、非現話者による次話者の自己選択のいずれも許されない。

　また、議長のみに会議の進行と参加者に対する発言権付与の権利と義務が与えられている会議においては、議長は、これと引き換えに、他の参加者が有する、質疑応答や意見表明を行う権利を一切持てないことが多い。

このように、公式性、公然性の高い会議においては、会議の進行ならびに参加者の発言権の付与といった談話管理に徹する参加者と、このような権利を有さず、質疑応答や意見表明に参加する任務を背負った参加者が明確かつ厳格に区分されていることが多い。

しかしながら、公式性、公然性の低い会議においては、このような明確かつ厳格な区分が存在しないことの方が多い。たとえば、家族とかかわる問題について話し合う家族会議で、予め会議の進行と発言権付与の役割を担った参加者を選出した上で、話し合いを行うことは少ないと考えられる。また、我々の社会生活においても、予め会議の進行調整や意見調整をする進行係を設定した上で会議を行うこともあれば、このような係を設定せずに、会議を行うこともある。

次の例文 7、8 は、いずれも 4 名の参加者からなる、模擬会議の発話例で、いずれの会議についても、参加者のうちの 1 名が、他の参加者の上司ならびに会議の招集者として設定されている。また、いずれの会議も、企画立案を目的としており、会議召集者に当たる上司は、他の社員から意見を収集する役割を任されている。

これらの会議においては、会議開始ならびに終了の宣言は、会議召集者に当たる上司により行われている。また、次話者の選択は、発言権が議長により完全にコントロールされていた国会の会議とは異なり、先に見た例文 4 の 11 のように意見収集の役割を担う上司の指名による場合もあれば、例文 7 の 48、49 のように上司以外の参加者の自己選択による場合もある。

例文 7

参加者：旅行会社横浜支社企画課課長 m03、同社社員 m04、f02、f03 の計 4 名

46	f02	［んー］なんか、［んー］、普通のビジネスホテルじゃないですけど、そういう［ま］安いのもいいですけど、なんか女性達で旅行行くんだったら、B {m03 213 ん} {m03 214 ん} {m03 215 ん} 温泉とか、{m03 216 ん}［あの、まあ］宿泊も、多少なりともちょっと、デラックスじゃないけども、［あの］温泉があって、{m03 217 ん}［あの］、なんか情緒があるような感じの方が
47	m03	そうですね、日本旅館とかっていうのは、旅館はどうなんだろうか、OL とかって、{f02 078 B} 好き嫌い分かれるかも知れないよねえ。{f02 079 ん} {f03 069 んー} {f02 080 ん} その、女将が出てきてど

		うのこうのとか、あと、結構煩わしいよね。なんか、んー {f03 070 そう} ちょっと
48	f02	でもカップルで行く {m03 227 ん} と、そういう煩わしさが嫌なところって結構多いと思うんですけど、B 女性同士だとどうかなっていうのも {m03 228 ん、ああ} {m03 229 ん} {m04 021 んー} {m03 230 んー} あります
49	f03	ん、あ、でも、ただ寝て、朝ゆっくりしたいとか {f02 084 ああ} っていうふうんなると、やっぱり煩わしさを感じたりとか {m03 231 ん}

(RWCP 会議音声データベース：会議 2 "trans" フォルダ内のテキスト)

例文 8

参加者：旅行会社横浜支社企画課課長 m03、同社社員 m04、f02、f03 の計 4 名

15	m03	そうすると、場所的なことよりもなにか、その企画面での差別化を、考えたいと

(RWCP 会議音声データベース：会議 2 "trans" フォルダ内のテキスト)

　このように、会議における談話管理や談話展開の有り様は、会議の公式性、公然性の影響を受けるほか、会議の目的、参加者数、参加者同士の社会的力関係、特定の組織に根づいた慣習・制度や、異なる慣習・制度の接触等、様々な要因の影響を受けている。会議という場を用い、組織としての何らかの意思決定がなされるまでのプロセスの多様性を考える上では、このような様々な要因を念頭に入れる必要があろう。

〔渡邊ゆかり〕

【例文の文献案内】
例文 1：宮沢賢治「よだかの星」『宮沢賢治全集　第 5 巻』ちくま文庫、1956。
例文 3：「最低賃金」朝日新聞 2012 年 7 月 28 日朝刊社説。

第 3 章　文法と文章

3.1　文　の　性　質

3.1.1　一文の長さ・修飾語の長さ
次の一節を見てみよう。

例文 1

鍋はぐつ〳〵煮える。
牛肉の紅(くれなゐ)は男のすばしこい箸で反(かへ)される。白くなつた方(はう)が上になる。
斜に薄く切られた、ざくと云ふ名の葱は、白い処が段々に黄いろくなつて、褐色の汁の中へ沈む。
箸のすばしこい男は、三十前後であらう。素晴らしい印半纏を着てゐる。傍らに折鞄が置いてある。
酒を飲んでは肉を反(かへ)す。肉を反(かへ)しては酒を飲む。
酒を注いで遣る女がある。
男と同年位であらう。黒繻子の半衿の掛かつた、縞の綿入に、余所行の前掛をしてゐる。
女の目は断えず男の顔に注がれてゐる。永遠に渇してゐるやうな目である。
目の渇は口の渇を忘れさせる。女は酒を飲まないのである。
箸のすばしこい男は、二三度反した肉の一切れを口に入れた。
丈夫な白い歯で旨さうに嚙んだ。
永遠に渇してゐる目は動く顎に注がれてゐる。

（森鷗外『牛鍋』）

　この文章はシーンの展開が淡々と描写され、語り手は顕在化しない。一文一文は、映画のコマ割りのごとく個々のシーンを端的に切り取っている。シーンのイメージを端的に浮かび上がらせるためには、あまり文を長くするわけにはいかな

---
*1　各例文の出典については、章末に詳細を提示するので参照されたい。

い。長すぎる文は、様々な内容が盛り込まれてしまうために、その分だけシーンのイメージが拡散し、ぼやけてしまうからである。

　例文1において、「文」とは物語展開の単位であり、一歩一歩読者を結末部に導くための、各々のプロセスを示したものである。そして、そのようなプロセスを歩むには、1つ1つの文の意味や喚起されるイメージが明確でなければならない。それには文ができるだけ簡潔で無駄なく、そして形式的にも意味的にも完結している必要がある。例文1における文の長さは概ね短く、文の構造も単純で、文ごとの区切りも明確である。

　それでは、次のような文章はどうであろうか？

例文2

千早振る神無月も最早跡二日の余波となった廿八日の午後三時頃に神田見付の内より塗渡る蟻、散る蜘蛛の子とうよ〳〵ぞよ〳〵と沸出で来るのは孰れも頤を気にし給ふ方々☆、しかし熟々見て篤と点撿すると是れにも種々種類のあるもので、まづ髭から書立れば口髭頬髯顎の鬚、暴に興起した拿破崙髭に狆の口めいた比斯馬克髭、そのほか矮鶏髭、貉髭、ありやなしやの幻の髭と濃くも淡くもいろ〳〵に生分る★髭に続いて差ひがあるのは服飾☆白木屋仕込みの黒物づくめには仏蘭西皮の靴の配偶はありうち、之を召す方様の鼻毛ハ延びて蜻蛉をも釣るべしといふ★是れより降つては、背皺よると枕詞の付く「スコッチ」の背広にゴリ〳〵するほどの牛の毛皮靴、そこで踵にお飾を絶さぬ所から泥に尾を曳く亀甲洋袴、いづれも釣しんぼうの苦患を今に脱せぬ貌付☆、デモ持主は得意なもので髭あり服あり我また笑をか竟めんと済した顔色で火をくれた木頭と反身ッてお帰り遊ばす☆イヤお羨しいことだ★其後より続いて出てお出でなさるは孰れも胡麻塩頭弓を曲げても張の弱い腰に無残や空弁当を振垂げてヨタ〳〵ものでお帰りなさるさては老朽しても流石はまだ職に堪へるものか★しかし日本服でも勤められるお手軽なお身の上★さりとはまたお気の毒な★

（★☆の記号は揚妻が挿入した。）

（二葉亭四迷『浮雲』第一編、第一回）

　例文2では文の切れ目があいまいである。初版の『浮雲』全3編中、一編、二編までは句点がない。このうち★は比較的切れ目のはっきりしているところであ

る。一方、☆は切れ目ともみなせるし、以下に続くともみなせそうなところである（読点の箇所もある）。たとえば「髭に続いて差ひがあるのは服飾☆白木屋仕込みの黒物づくめには（…）」の☆の箇所は、体言止めとも取れようが、「差ひがあるのは服飾（デアッテ）」という並列接続節として以下に続くとも取れる。

　『浮雲』は三遊亭円朝『怪談牡丹燈籠』の速記本を参考に書かれている。話の冒頭に人物の身なりや服装を細かく表現する点も共通しているが、文章の質においても落語の〈語り〉の性格を持っており、例文1の文章とは大きく異なっている。

　文章を黙読しつつ文章内容の展開を追うことは孤独な営為であり、読み手はひたすら書かれた文字から内容把握を目指すことになる。それに対して、落語のような〈語り〉の場合、聴衆は落語家の〈語り〉を聞くのである。一般的な黙読される文章と落語の違いは、語り手が現前するか否かにある。落語家は自らの声で聴衆をかき口説き、蠱惑し、〈語り〉の世界に巻き込んでいく。語られた言葉は単に内容を盛るための器ではなく、語り手の感情、意志、息遣いをも伝える媒体である。そして、一席の落語を聞く聴衆は、始まり語り終わりまで、自らに向かって語りかける落語家の存在を絶えず意識することになる。つまり、〈語り〉には切れ目がないのである。例文1のごとく短い内容を1つ1つ完結させながら語るとすれば、語りの流れは細切れになり非常に不自然になるだろう。〈語り〉の連続性という意味において、一連の語り全体を1つの文と見ることもできる。一方、一連の〈語り〉の内部に内容的に見て多くの切れ目を認めることも、またできる。これが「切れるがごとく、またつづくがごとく」という特徴を持つ「開いた構造」の表現である（阪倉、1970）*2。

　『浮雲』（特に第一編）にはこうした〈語り〉の性格が文章に取り入れられていて、読者に向かって語り掛ける語り手の存在がある（『浮雲』で語り手が端的に表れる個所としては「……是れからが肝腎要回を改めて伺いませう。」（第一編、第二回）などがある）。同時に文の切れ目はあいまいになり、スペースの入るところが文の切れ目と見なしたとしても、例文1に比べ全般的には長い文になる。内容的に見れば、例文2は同一レベルの事柄を列挙しているのみであり、物語の展開もなければ、描写の細密化があるわけでもない。それでも例文2が表現として成り立っているのは、これが今後の物語を語る前提となる、語り手と読者の間の共有の場の設定としての機能を持つからである。

---

*2　なお近代に入って読み方が音読から黙読へ移行した事情については、前田（1973）が詳しい。

ところで、例文2とは別の理由によって文が長大になるものもある。

例文3

③夜明けまえの暗闇に眼ざめながら、熱い「期待」の感覚をもとめて、辛い夢の気分の残っている意識を手さぐりする。<u>内臓を燃えあがらせて嚥下されるウイスキーの存在感のように、熱い「期待」の感覚が確実に躰の内奥に回復してきているのを、おちつかぬ気持で望んでいる手さぐりは、いつまでもむなしいままだ。</u>力をうしなった指を閉じる。そして、躰のあらゆる場所で、肉と骨のそれぞれの重みが区別して自覚され、しかもその自覚が鈍い痛みにかわってゆくのを、明るみにむかっていやいやながらあとずさりに進んでゆく意識が認める。そのような、躰の各部分において鈍く痛み、連続性の感じられない<u>重い肉体</u>を、僕自身があきらめの感情において再び引きうける。それがいったいどのようなものの、どのようなときの姿勢であるか思いだすことを、あきらかに自分の望まない、そういう姿勢で、手足をねじまげて僕は眠っていたのである。　　　　　　　　　（大江健三郎『万延元年のフットボール』）

　例文3の文章には読者に語りかける語り手の存在は現れない。この点では例文1と同じである。例文2は文の長さこそ長いが、羅列的であり構造的には単純と言える。一方、例文3の文は複雑な構造をしているものが多い。たとえば、下線部は主述関係だけを取り出せば「手さぐりは（主語）―むなしいままだ（述語）」であるが、主語である「手さぐり」に対して、冒頭の「内臓を」から直前の「望んでいる」のすべてが連体修飾成分として係る。この長大な連体修飾成分の内部に「（…）回復しているのを」という準体法による補文が含まれ、この補文の内部に「（…）存在感のように」という連用修飾成分が含まれ、さらにこの連用修飾成分の内部に「内臓を燃えあがらせて嚥下される（→ウイスキー）」という連体修飾成分が含まれる。述語が文末部に来る日本語の文の場合、修飾成分が長すぎると、主述の対応関係の把握を保留して文を読み進めなければならないため、平明達意を目的とする文章においては好まれない。例文1における文は概して短く、長い修飾成分も用いられていない。したがって文意を追うことが容易である。例文3はとても平明とは言えないが、例文3の著者は意図的にこうした文を採用しているようである。例文3は不自然な姿勢で眠っていた状態から覚醒する意識を描いたもので、著者は、主人公の意識の複雑さ、屈折の深さ、割り切れなさそ

のものに、読者を立ち会わせようとしているものとみられる。もしこの目的に従うならば、「僕は不自然な姿勢で眠ってしまっていたらしい」等といった概括的に整理した文はそぐわない。複雑で割り切れない意識に逐次的に立ち会わせるには、文を簡単には言い納めない方がむしろ目的にかなうのである。

3.1.2　主語と述語

　1文の文意が明確であるためには主述関係が整っている必要があるが、日本語の文章の中で用いられる文の場合、実際には必ずしも常に〈主語―述語〉が整っているわけではない。たとえば、例文1「牛肉の紅は男のすばしこい箸で反される。白くなつた方が上になる。」では2つ目の文において主語（「牛肉は」）が欠けているが、これはすでに1文目に主語に該当する語が登場しているからである[*3]。

　一方、一般的には述語が省略されることはない。口語とは異なり、文章の場合、文章の構成要素である「文」としての形式的、意味的完結性が重視されるからであろう。しかし、時に述語が省略される場合もある。

例文4

　国境の長いトンネルを抜けると雪国であつた。夜の底が白くなつた。信号所に汽車が止まつた。

　向側の座席から娘が立つて来て、島村の前のガラス窓を落した。雪の冷気が流れこんだ。娘は窓いつぱいに乗り出して、遠くへ叫ぶやうに、

「駅長さあん、駅長さあん」

　明かりをさげてゆつくり雪を踏んで来た男は、襟巻で鼻の上まで包み、耳に帽子の毛皮を垂れてゐた。

（川端康成『雪国』）

　例文4は余情豊かな詩的な表現を志向している。「夜の底が白くなつた」はトンネルを抜けた後の雪明りの印象を象徴的に表現したもので、達意の表現とは対極にある。「駅長さあん、駅長さあん」を結ぶ述語がないのも、余韻、余情を演出することを意図しているようである。

[*3]　三上（1960）はこの現象を「ピリオド越え」と名づける。

3.2 文 の 接 続

3.2.1 文と文との間

　文章は文の連なりによって形作られる。読者は文を順番にたどり、前後の文と文との関係を把握しながら、徐々に全体の文意を読み取ろうとする。しかし、文の意味は表現形式によって顕在化しているが、前の文と後の文と意味的関係は顕在化していない。言い換えれば、文と文との間には多かれ少なかれ論理の飛躍がある。この飛躍した論理を方向付けるのが接続詞やそれに類する表現である。

　もっとも、接続詞などがあまり用いられない文章もある。たとえば、小説の中でストーリー展開を追う記述の場合、文の配列がそのまま物語の時系列にそった展開であることが暗黙のうちに了解されている。したがって「そして」「それから」などといった接続詞は不要である。たとえば、例文1には接続詞が用いられていない。文の連なりが何か一定のルールに基づいて連なっていると解される場合、文と文とのつながりかたについて特段の表現がなくても、私たちは文章を読み進めることができる。

　一方、論説文などの場合は、論理的展開の把握という抽象的な操作を読み手に求めるものであるだけに、接続詞（ないしはそれに準ずる語、語句）が多用される。

例文5

　感覚や感情、それに想像力や無意識、さらにはエロスや狂気など、一般に感性的なものや非理性的なものは、多くの場合そしてこれまで永い間、もっぱら非哲学的もしくは反哲学的なものだ、と思われてきた。あるいは、それらは、理性や思考の敵、人間を動物に近づけるもの、人間活動の劣った卑しい部分、ひとを誤らせ逸脱させる悪しき導き手である、と思われてきた。でないにしても、それらは、哲学にとってまったく中心からはずれたもの、辛うじて周辺部にあるもの、とみなされてきた。それらは概して、文学、芸術、精神分析、医学などの手に委ねられてしまい、哲学の問題として原理的にかえりみられることが少なかったわけである。

　ところがいまでは、それらは、一つ一つの個別的な領域の問題としてだけでなく、互いに結びついて、人間の深部に、あるいは深い在り様にかかわる問題として、われわれのまえにあらわれてきている。つまり、哲学は、これ

までとかく蔑視し、あるいはすでに克服したと思っていたものから、挑戦を受けている。人間の深い在り様を十分にとらえきれない哲学は無用ではないか。また、哲学は一つのきわめて特殊な「知」の形態にすぎず、しかも虚妄な前提の上に成り立っているのではなかろうか、と問われているのである。

(中村雄二郎『感性の覚醒』)

　二重傍線は文と文とをつなぐ接続詞（またはそれに準ずるもの）であり、点線の傍線は節と節、ないしは句と句とを結びつける接続詞である。さらに、文末部の「形式名詞＋繋辞」によっても論理関係を表現することができる。たとえば、波線部「わけである」で結ぶ文はそれ以前の内容を要約したものである。また、波線部「のである」で結ぶ文は、「つまり」で始まる文の内容、すなわち哲学が受けている挑戦について、「また」の直前の文とともに敷衍している文である。つまり、例文5は次のような論理の流れとなっている。

　(…)　哲学は、これまでとかく軽蔑し、あるいはすでに克服したと思っていたものから、挑戦を受けている。

↓

〈それが具体的にはどのような挑戦であるかというと〉

↓

(ⅰ)　人間の深い在り様を十分にとらえきれない哲学は無用ではないか。
(ⅱ)　また、哲学は一つのきわめて特殊な「知」の機能にすぎず、しかも虚妄な前提の上に成り立っているのではなかろうか、

と問われているのである。

　ノダ（ノデアル）、ワケダ（ワケデアル）などの形式名詞文の形は、先行内容の要約、ないしは敷衍する文に用いられており、言い換えればノダ、ワケダが要約の記述、敷衍の記述であることの指標となっている[4]。

　市川孝は文と文との接続関係を次のように分類する。それらの型に対応する接続詞に次のようなものを挙げる（市川、1973）。

---

[4]　「ワケダ」について寺村秀夫は「Q ワケダが前提 P からの論理的帰結として Q であるこという」表現であるとし、またノダについては先行の内容や状況を「説明」するものとしている（寺村、1984）。

- （一）順接型　だから・それで・したがって・そこで・そのため・そういうわけで・それなら・とすると・してみれば・では・すると・と・そうしたら・かくて・こうして・その結果・それには・そのためには
- （二）逆接型　しかし・けれども・だが・でも・が・といっても・だとしても・それなのに・しかるに・そのくせ・それにもかかわらず・ところが
- （三）添加型　そして・そうして・ついで・つぎに・それから・そのうえ・それに・さらに・しかも・また・と同時に・そのとき・そこへ・次の瞬間
- （四）対比型　というより・むしろ・まして・いわんや・一方・他方・それに対し・それとも・あるいは・または
- （五）同列型　すなわち・つまり・要するに・換言すれば・たとえば・現に・事実・とりわけ・わけても
- （六）補足型　なぜなら・なんとなれば・というのは・ただし・もっとも・ただ・なお・ちなみに
- （七）連鎖型　（接続詞は挙げず）
- （八）転換型　ところで・ときに・はなしかわって・やがて・そのうちに・さて・そもそも・いったい・それでは・では・ともあれ・それはそれとして

　接続詞は飛躍した論理の方向づけを行うものであるが、接続詞が用いられる箇所の飛躍のありかたは一様ではない。一般に逆接型は飛躍が大きく、逆接の接続詞の後の記述は重要な内容が示される場合が多い[*5]。一方、添加型（特に並列・累加を表すもの）や対比型（特に「あるいは」）は相対的に飛躍が乏しい。その関係に結び付けられるものは同類のものであり、概括し得るものであるからである。例文5では次のような種類の接続詞（類）が用いられているが、やはり飛躍のありかたに大小がある。例文5で用いられる接続詞は以下の通りである。

[*5] 佐久間（1990）は、文の「逆接型」の連接関係について「（接続表現を）省略してしまうと、前後の意味の脈絡がつきにくくなる」としているが、そうであるのは、逆接の場合前後の内容の飛躍が大きいからであろう。

	文と文とを結び付けるもの	節と節、句と句と結びつけるもの
順接型：		そして
逆接型：	ところが	
添加型：	また	しかも　さらには
対比型：	あるいは　でないにしても	もしくは　あるいは
同列型：	つまり	

　例文5の「あるいは」「でないにしても」で結びつけられる3つの文の内容、すなわち、感覚・感情・想像力・無意識・エロス・狂気は非哲学的・反哲学的だということ、それらが人間活動のなかで劣った卑しいもので人を誤らせるものだということ、および、それらが哲学のテーマの中心からはずれたものだということは、いずれもそのあとに続く文の内容（感覚・感情・想像力・無意識・エロス・狂気は哲学以外の分野に委ねられたこと）に概括される。そして、以上のすべてが、「ところが」で始まる次の段落の内容（哲学は、感覚・感情・想像力・無意識・エロス・狂気とものから、挑戦を受けていること）と対立する。ここでも、逆接関係の飛躍が大きく、対比の方が飛躍に乏しいことがうかがえる。

3.2.2　仮定表現

　仮定表現は未然、未確認、不確定、ないしは反現実の事象を想定するものであるから、実際に起こったことを叙述することが本流である文章の場合には、通常、傍流の記述になるはずである。

例文6

「これは又、御少食(ごせうしよく)な事ぢや。客人は、遠慮(ゑんりよ)をされると見えたぞ。それ〜その方ども、何を致して居る。」
　童児(どうじ)たちは、有仁の語につれて、新(あら)な提の中から、芋粥を、土器(かはらけ)に汲まうとする。五位は、両手を蠅でも逐(お)ふやうに動かして、平(ひら)に、辞退(じたい)の意を示した。
「いや、もう、十分でござる。……失礼ながら、十分でござる。」
　もし、此時(このとき)、利仁が、突然、向ふの家の軒(のき)を指して、「あれを御覧(ごらう)じろ」と云はなかつたなら、有仁は猶、五位に、芋粥(いもがゆ)をすゝめて、止(や)まなかつたかも知れない。が、幸(ありひと)ひにして、利仁の声は、一同の注意を、その軒(のき)の方へ持

つて行つた。　　　　　　　　　　　　　　　　　　（芥川龍之介『芋粥』）

　実際には利仁は「あれを御覧じろ」と言ったのである。ここに利仁がそう言わなかったことを仮定したのは、そうなった場合の五位の悲惨さ（芋粥にもう飽き飽きしているのに、いつ果てるともしれず勧められること）を強調するためである。実際、五位はそうされかねない状況であり、不安を感じていたことであろう。またそれだからこそ、その不安から解放された安堵感も感じたはずである。以上のようなことを際立たせるために仮定表現が用いられているわけで、ここでは仮定表現が、本流であるストーリーの流れの中で、文章の彩、レトリックとして用いられている。
　しかし、仮定表現が常に傍流であるわけではない。

例文 7

　<u>もし事態がこのようなものであるとすれば</u>、これまで永い間、概して非合理的、のみならず非合法的なものとして、哲学とくに合理主義哲学の背後にひそかに隠されてきたパトスの世界、感性や情念の世界を、はっきり哲学的な考察の対象として据えることは、次のような三つの点で、少なからざる意味を持っているはずである。（…）　　　　　　（中村雄二郎『感性の覚醒』）

　筆者はすぐれたロゴス（論理・言葉）を駆使する者はその背後にパトス（感性・情念）を備えており、しかし、哲学の世界においては長らくロゴスがパトスを抑え込んでいたと見ている。例文 7 はそれを受けての一節である。上記のロゴス・パトスについてのとらえ方は、あくまで自己の立てた仮説、つまり未確定の説であるため、これを受けるのに仮定表現が用いられている。しかし実は、筆者はそれこそがポイントとして論を展開ゆくのであり、この仮定表現は論述の本流に置かれている。例文 7 の傍線部は「すると」（順接）などの接続詞に近いものである。論説文は、自らの仮説（未確定の説）がいかに説得力のあるものか主張するための文章であるから、しばしば上記のような仮定表現が用いられる。

3.3　文章の人称

3.3.1　心的内部の記述から見る一人称・三人称の記述

　一般的に言って、認識、思考、感情といった心的内部については、自己のもの

については明確に了解できるが、他人のものは間接的にしか了解できない。したがって、心的内部を表現する際に、「私は、悲しい。」「私は、海に行きたい。」とは言えるが、「彼は、悲しい。」「彼は、海に行きたいと思う。」のような表現はできず、「彼は悲しいのだ。／彼は海に行きたいらしい。」といった判断文の形式にしなければならない。つまり、心的内容の直接的、断定的叙述については一人称制限があるわけである。一人称の独白体で書かれる小説の場合、この原理が当てはまる。例文8、9はいずれも村上春樹『ノルウェイの森（上）』の一節だが、「僕」についての心の内は断定され、「直子」の心の内は判断文の形で提示される。

例文8

飛行機が着地を完了すると禁煙のサインが消え、天井のスピーカーから小さな音でBGMが流れはじめた。それはどこかのオーケストラが甘く演奏するビートルズの「ノルウェイの森」だった。そしてそのメロディーはいつものように僕を混乱させた。いや、いつもとは比べものにならないくらい激しく僕を混乱させ揺り動かした。　　　　　　　　　　（村上春樹『ノルウェイの森（上）』）

例文9

そして直子に関する記憶が僕の中で薄らいでいけばいくほど、僕はより深く彼女を理解することができるようになったと思う。何故彼女が僕に向かって「私を忘れないで」と頼んだのか、その理由も今の僕にはわかる。もちろん直子は知っていたのだ。僕の中で彼女に関する記憶がいつか薄らいでいくであろうということを。　　　　　　　　　（村上春樹『ノルウェイの森（上）』）

では、三人称の叙述の場合はどうだろうか。金水敏は「小説や昔話などの地の文では、誰の心理状態も自由に描写できるのであるから、始めから人称制限というものはないのではないか」とするが（金水、1989）、これは確かに三人称小説の文章である例文10～12の例を見るとこの指摘が妥当であるように見える。

例文10

しかし、三室［注、部長、三室大麓（みむろだいろく）］は、真新しいハンケチなら我慢（がまん）出来ても、汗でよごれたくしゃくしゃの四枚のハンケチを、ポケットに入れて帰ることには、どうにも我慢出来なかった。　　　　　　　（源氏鶏太『大願成就』）

> **例文 11**
> あとに残った敬子は、そのときになって、ここが、男子専用の手洗所であることに<u>気づいた</u>。<u>はずかしさが、全身を走った</u>。　　　　（源氏鶏太『大願成就』）

> **例文 12**
> 杉野は、これからの結論を、どのように運んだものか、<u>と考えていた</u>。
> 　　　　　　　　　　　　　　　　　　　　　　　　（源氏鶏太『大願成就』）

　しかし、作品によっては特定の登場人物（主人公）の心的内部は断言できても、それ以外の心的内部は断言できないものもある。

> **例文 13**
> 出て行くお勢の後姿を目送つて、文三は莞爾した。如何してかう様子が渝つたのか、其を疑つて居る遑なく、たゞ何となく心嬉しくなつて、莞爾した。それからは例の妄想が勃然と首を擡げて抑へても抑へ切れぬやうになり、種々の取留も無い事が続続胸に浮かんで、遂には総て此頃の事は皆文三の疑心から出た暗鬼で、実際はさして心配する程の事でも無かつたかとまで思ひ込んだ。が、また心を取直して考へてみれば、故無くして文三を辱めたといひ、母親に忤ひながら、何時しか其いふなりに成つたといひ、それほどまで親かつた昇と俄に疎々しくなつたといひ、—どうも常事でなくも思はれる。と思へば、喜んで宜いものか、悲んで宜いものか、殆ど我にも胡乱になつて来たので、宛も遠方から撩る真似をされたやうに、思ひ切つては笑ふ事も出来ず、泣く事も出来ず、快と不快との間に心を迷せながら暫く縁側を往きつ戻りつしてゐた。　　　　　　　　　（二葉亭四迷『浮雲』第三編、第十九回）

　この記述は文三の視点から書かれているため、文三以外の人物（お勢）の心理はわからないことになっている。『浮雲』は第一編と、第二編、第三編とでは文章の質が大きく異なっている。第一編で見られた、読者に直接語り掛ける語り手、ちょうど聴衆に向かって語りかける落語家のような語り手は第二編、第三編では姿を消し、もっぱら文三の視点から物語が展開してゆく（小森、1988）。したがって文三の心理は断定されるが、それ以外の人々の心理はすべて文三から見た推察に過ぎない。そうなると、一応形式上は「文三」という第三者の心理描写であ

るものの、実質はほとんど一人称の独白と変わりがないものとなる。この様式は三人称で書かれた私小説にも共通する。たとえば葛西善蔵の場合、初期作品(「哀しき父」大正元年(1912)9月〜「兄と弟」大正7年(1918)5月)には三人称の小説がある。やがて一人称へと移行するのだが、三人称で書かれたものであっても、たとえば「哀しき父」等は、主人公以外の心的内容は分からないものとして描かれるのである(樫原、2012)。

3.3.2 心的内部の記述から見る〈語り〉口調の記述

三人称の小説で、複数の人物の心的内部を断言できるものであっても、個々の記述において、自由自在にそれが可能であるわけでない。

例文 14

「いっそ、小宮さん。あんた、三室さんと結婚したらどうだね。」
(略)
「あたし、そんなこと、考えたこともないわ。」
　本当だった。敬子は、三室と結婚しようなどと、考えたこともなかったのである。高森章三となら、結婚してもいいような気がしていた。しかし、それとても、漠然とした思いであって、かりに、そういうことになるとしても、そう決心するまでに、感情的に幾多の紆余曲折のああるだろうことが、自分でも、予想されているくらいだった。
　しかし、<u>高森は、すっかりその気でいるらしいのだ。</u>(…)

(源氏鶏太『大願成就』)

複数の人物の心的内部を自由自在に往還し、それぞれを断定的に表現できるのは落語のような〈語り〉の場合である。

例文 15

さて萩原は便所から出て参りますと<u>嬢様は恥かしいのが満胸で只茫然として</u>お冷水を灌けませうとも何とも云はず湯桶を両手に支へて居るを新三郎は見て取り新三「是は恐入ます憚りさまと両手を差伸べれバ<u>お嬢様は恥かしいのが満胸なれバ目も暗く見当違ひの所へ水を灌けて居ますから</u>新三郎の手も彼方此方と追駆けて漸々手を洗ひ嬢様が手拭をと差出してモヂ〳〵して居る

> 　間新三郎もこのお嬢さんハ真に美麗いものと思ひ詰めながらズツと手を出し手拭を取らうとするとまたモゾ〳〵して居て放さないから新三郎も手拭の上から恐怖ながらその手をジツと握りましたが此手を握るのハ誠に愛情の深いもので御座います
> 　　　　　　　　　　　　　　　　　　（三遊亭円朝『怪談牡丹燈篭』二）

　ここで語り手は、お嬢さま（お露）、新三郎の心の内を自由に行き来する。最後の「愛情深いものでございます」は心的内部そのものではないが、それを知らなければ断言できない評言である。〈語り〉の場合、語り手は特定の登場人物の視点に拘束されることがなく、かといって、語り手一個人として他者の心的内部に介入できないといった制約からも免れている。〈語り〉の場合、物語世界は語り手によって馴致されており、それゆえいくらでも登場人物の内面に介入できるのである。

　こうした〈語り〉の性格が小説に取り入れられた例として次のようなものがある。

例文 16

> 　彼は遂に自分は発狂するのではあるまいかと想つた、と未だ考へ得る今の所は発狂したのではないが、此有様で続いて次第に烈しくなつたならば必ず発狂せずば成るまい。今の此心持は発狂の境に進みつゝあるのではあるまいか。然も無くては何の故に今更這麼に急に恋しく、取迫めて儚いのであらう。「不思議だ、不思議だ！」　と呟いては歩き、歩いては考へ直した。如何に考へても発狂するとよりは思はれぬので、愈耐りかねては無躾も後護さも何も無い、又お種の寝間に駈入つて、★
> 「奥さん、奥さん、奥さん！」　と夜着の袖の側にばつたりと坐れば、その声に睡を覚ましてお種は顔を振向けると、夢心地に男が一人身近に坐つてゐるので、慄然して正気付く途端に、（…）
> 　　（★は揚妻が挿入。）　　　　　　（尾崎紅葉『多情多恨』後編第九章の二）

　この引用箇所の前半は、鷲見柳之助の心的内部についての記述である。それが★の箇所を境に突然、お種の心的内部の記述に移行する。しかし、時に『多情多恨』の語り手は登場人物の心理が不明な者としてふるまうこともある。例文17の記述は、柳之助以外の登場人物の視点から見た柳之助ではなく、純粋に語り手

の立ち位置から見た姿として書かれている。

> **例文 17**
> 始(はじ)めて其時(そのとき)瞬(またき)を為(す)ると与(とも)に、両臂(りやうひぢ)を張(は)つて机の上に俯(うつむ)いたまゝ、容易(ようい)に顔を挙げずにゐたが、<u>やがて思切(おもひき)つた体(てい)で振仰(ふりあふ)げば、涙は頬(ほほ)の辺(あたり)まで濡(ぬら)してゐる</u>。左の掌(てのひら)で腹立しげに其目を挙(すりはら)払ふと、ランプの火屋(ほや)は響を作して、裂(く)けて頽(くづお)れて落ちる、火は翻(あふ)られ黒煙(くろけむり)を噴(ふ)く、慌忙(あわただ)しく吹消(ふきけ)せば、お頬(るしゃ)の写真(しん)も、机(つくえ)も本箱(ほんばこ)も、二階も我身(みうご)も、有つたものは皆無(たいちめん)くなつて、唯一面の闇(くら)い中(なか)に柳之助は身動(みうご)きもせずに沈(ぢつ)としてゐた。何を考へたのやら、火屋(ほや)の破片(はへん)の冷徹(ひえき)るまでも、其侭(そのまゝ)に居竦(ゐすく)まつてゐると、何時(いつ)来たのか階子(はしご)の口で例の元気(げんき)な声(こゑ)、
> （尾崎紅葉『多情多恨』後編四の二）

つまり、語り手は自在に登場人物の内面を往還するばかりではなく、特に外部からの観察者としての立場にも立ち得るのである。こうした自在な視点の移動は、三人称小説には見られないものである。『多情多恨』は紅葉の作品の中では写実性の強い作品である。それでも、その後の自然主義小説などとは文章の質が異なっている。「露骨なる描写」を標榜した田山花袋は『多情多恨』について、「紅葉全集中の大作であり、傑作でもある」と認めつつも、「何うも小主観に捉へられたやうな処が至る処にあるやうだ」との不満を表明している[6]。そして、この「小主観」とは、すなわち作品世界を馴致する語り手の存在、もしくは語り手と読者との間に想定される予定調和的な世界観のことを指しているものと思われる。このような文章の質が、たとえば例文16、17に見るように、複数の人物間の心的内部を往還したり外部からの観察者に立ったりすることが自在に行われるところに現れているのであろう（揚妻、2008）。

3.3.3 一人称小説の諸相

夏目漱石の『吾輩は猫である』は一人称小説の代表的なものであろうが、今日の独白体の小説（たとえば『ノルウェイの森』）とはだいぶ趣が異なる。「吾輩は猫である。名前はまだ無い。」で始まる。デアル体は今日、言文一致体の文章を

---

[6] 『小説作法』明治42年（1909）6月30日、「通俗作文全書」題二十四編として博文館刊行。ここでは小林一郎・紅野敏郎など編『定本花袋全集』第二十六巻（臨川書店、1995）に拠った。

書くときに普通に用いられるため、現代人にはこれもまた普通の文章のように読めてしまう。しかし、デアルは当時文章体である以前に演説の口調であり、一匹の猫が演壇に立って演説するという設定にしているのが漱石の趣向であった。独白体の小説の場合、物語世界を相対化する別の言語活動の場面は存在しない。それに対して、『吾輩は猫である』は、猫が聴衆（＝読者）に語り掛ける場面と、物語世界とは一応区別されているから、場合によっては、「吾輩」はしばしば物語世界から逸れて読者に向かって「演説」をする。このような記述は独白体の小説では通常存在しない。

例文 18

吾輩は叙述の順序として、不時の珍客なる泥棒陰士其人をこの際諸君に御紹介する栄誉を有する訳であるが、其前（そのまえ）一寸卑見を開陳して御高慮を煩（わずら）はしたい事がある。古来の神は全智全能と崇められて居る。ことに耶蘇（ヤソ）教の神は二十世紀の今日迄も此全智全能の面を被（かぶ）つて居る。然し俗人の考ふる全智全能は、時によると無智無能とも解釈が出来る。かう云ふのは明らかにパラドックスである、然るに此パラドックスを道破（どうは）した者は天地開闢（かいびゃく）以来吾輩のみであらうと考へると、自分ながら満更（まんざら）な猫でもないと云ふ虚栄心も出るから、是非共こゝに其理由を申し上げて、猫も馬鹿にできないと云ふ事を、高慢なる人間諸君の脳裏に叩き込みたいと考へる。（…）（夏目漱石『吾輩は猫である』）

「演説」はまだしばらく続くが、これが忍び込んだ泥棒が水島寒月に瓜二つであることを導く枕になっている。『猫』は読者に直接語り掛ける語り手がいる。この語り手は、落語の語り手のように物語世界に外在するものではないが、物語世界を相対化する言語の場面を設定しているという点においては共通している。『吾輩は猫である』『坊ちやん』『草枕』などについては、漱石自ら低回趣味と卑下した作品である。そして、小説家はもっと「イプセン流」に行かなければならぬとし、リアリスティックな作風に転ずる。ナレーションの質から見た場合、写実、リアリズムとは、こうした語り手‐読者が共有される場面を消去する言語活動であると見ることができる。そうすることで、あたかも事実そのもの、心理そのものが現前しているかの如き印象を与えることができるのである。これとても十分にフィクショナルなものであるが、近代小説はこの約束事を前提の上に書かれることになる。

3.3.4 大衆小説のナレーション

近代における大衆文学の系譜の1つとして、落語や講談といった〈語り〉を挙げることができよう。明治十年代、円朝などの落語速記、二代目松林伯円の講談速記が現れ、速記専門のメディア『百花園』が明治22（1889）年に創刊される。日露戦争期（明治36〜37年（1894〜95））になると速記本は貸本屋に追いやられ、それに代わって、速記者を媒介せずに執筆者が書き下ろす「書き講談」が登場する。明治末から大正期に大阪を拠点に隆盛した『立川文庫』には『猿飛佐助』（大正2年（1913））、『霧隠才蔵』（大正3年（1914））が掲載され、また東京では明治44年（1911）創刊の『講談倶楽部』は大正2年（1913）、大正初期、速記から書き講談に転じた。『講談倶楽部』で書き講談を執筆した1人に、当時『都新聞』に『大菩薩峠』を連載している中里介山がいる。大正期にはマス・メディアが確立する。『講談倶楽部』に加え『文芸春秋』（大正12年（1923））、『キング』（大正13年（1924））の創刊、『サンデー毎日』『週刊朝日』という週刊誌という新しい媒体で、大衆小説は発展していった。週刊誌に連載された白井喬二の『新選組』『兵学大講義』などはいずれも「新講談」と銘打たれた。書き講談で速記から脱却した大衆文学は、よりオリジナルなもの、よりフィクショナルなものを追及した結果だった（尾崎、1965、1969）。

これを見れば、大衆文学が〈語り〉を母体としながらも、書記言語へと変貌していったことがうかがえる。しかし、同じく速記を母体として始まった二葉亭などの言文一致体小説が娯楽性を失っていったのに対して、大衆文学は娯楽性こそを主眼とするところが対照的である。

大衆文学の代表作の一つに、白井喬二の『富士に立つ影』がある。これは大正13年（1924）7月から昭和2年（1927）に『報知新聞』に連載された作品で、佐藤、熊木両築城家の、江戸時代から明治にかけた三代にわたる角逐を描いたものである。物語は昔の資料をもとに「実録」を描いているという趣向なので、ときどき次のような記述が現れる。

例文 19

例の佐藤牧山友人の手記本によれば、この時もし刺客の方で一口早く公太郎に頼めば、理由の如何に拘わらずやっぱり助太刀したかも知れぬと書いてあるが、幾ら公太郎でもそれほど無理知ではあるまい。

（『富士に立つ影』主人公篇　正体両面　九）

『富士に立つ影』のナレーションは2つの「場」を往還している。1つは物語の「場」であって、ここでは、熊木公太郎が介堂を刺客から救う場面である。もう1つは、古い資料を読む現在の「場」であり、これは現在の読者と共有される世界である。この意味で『怪談牡丹燈篭』のような〈語り〉物や『浮雲』第一編に見られた、作品世界に外在する語り手の存在を認めることができる。

　『富士に立つ影』では、物語の世界と、「現在」の世界間の往還において特徴的な語法が現れる。

例文 20

と竜吉頭を下げて頼んだが、常太の団々たる腕組はそのままいつまでも解かれずジッと黙っているのであった。　　（『富士に立つ影』裾野篇　山中接近記　六）

例文 21

思わぬ災難もすぐまた晴れて、佐藤菊太郎、「オオ」とつぶやくとわれに返りいよいよ百走りの谷間を指してタッタッとまっしぐらにかけ下りたのであった。

（『富士に立つ影』裾野篇　築城軍師決定　六）

例文 22

と驚いて身を退く途端、今度は勢いを増した本崩れ、ドッと天井落ちとなって蝋燭持った菊太郎をそこへバッタリ打倒したかと思うと、あなやという間に真っ暗闇の穴底へ生き埋めにしてしまったのであった。

（『富士に立つ影』裾野篇　築城軍師決定　七）

例文 23

その籤札の面には「御供(ごくう)」の二字がありありと現われていたのであった。

（『富士に立つ影』裾野篇　怨恨の数々　五）

例文 24

南村入り早々伯典の誕生日をきっかけにお藤はすぐ目的に向って突進したのであった。　　（『富士に立つ影』裾野篇　最後のもの　二）

3.3　文章の人称　51

― 例文 25 ―
その時丁度口取と焼肴に膳部がそろったので給仕役は一斉にズッと立って一同の間に運ぶ<u>のであった</u>。　　　　　（『富士に立つ影』裾野篇　最後のもの　三）

― 例文 26 ―
谷一つ隔(へだ)たった橋落しの向いあい、公太郎を前に助一ますます己が主張をいい増(つの)らせる<u>のであった</u>。　　　　　（『富士に立つ影』主人公篇　宿命の山　八）

　このようなノデアッタについて、野田（1997）は「話し手が物語の進行している時点に視点を移して事態を詠嘆的に述べるもの」としている。これは、おそらく物語を語る現在のこの世界と、語られた内部の世界との二重性を認めた理解であろう。しかし、視点が〈この世界〉〈物語内の世界〉とどちらの方向に移動しているかが問題になる。上記の例はいずれもそれぞれの回の末尾に現れるものである。『富士に立つ影』は、もともとは新聞連載であったから、その日の読み切りの箇所にノデアッタが現れるわけである。この現れ方は時代劇のドラマの最後のナレーションに共通しており、このような場合のノデアッタは、物語世界を見送りつつ現在の〈この世界〉に立ち戻る機能を果たしているものと考えられる。

3.4　文　末　表　現

3.4.1　デアル体について

　渡辺実は言語の機能を「伝達」と「認識」に大別する。「伝達」とは「自分が考えたこと感じたこと、ひっくるめて言えば頭や心の中に息づく経験が、言語のおかげで全く別の個性に伝わって行く」ことであり、「認識」とは「聞手などという別個性は存在せず、したがって聞手への配慮などの入り込む場所ではなく、対象へのいちずな沈潜があるばかり」というあり方である。そして渡辺は「日本語は伝達の言語としてはまことに良く出来た言語だが、認識の言語としては残念ながら出来がよくない」とみており、「日本の言文一致の努力の実質は、当時の言すなわち伝達の言語を母胎として、文すなわち認識の言語を創り出すという、日本語の体質改善の努力であった」としている（渡辺、1996）。日本語が「伝達」に関してはよくできている実例として、渡辺は、指示語（コソア）、呼称、敬語、評価の副詞（せっかく、どうせ等）を挙げるが、ほかにも終助詞、授受表現、ぼかし表現（コーヒー<u>でも</u>いかがですか）など、日本語の様々な側面において指摘

することができる。一方、「認識」の言語としては出来がよくないとは、具体的には構文的に複雑な文を作りにくい（たとえば例文3のような文章は日本語としてはあまり熟さない表現である）こともあるが、なんといっても、対聞き手、対読者意識を超越した表現の未成熟にあるだろう。

今日、文章のスタイルは、大きく敬体（ダ・デアル体）と常体（デス体、デアリマス体、デゴザイマス体）に分けることができる。今日の文体意識で言えば、敬体は読者に語りかけるスタイルであって、常体は読者に向かうというよりも、渡辺のいうところの「認識」の文章であると、大まかに言うことができよう。しかしながらこのような棲み分けが、言文一致体の草創期から存在していたわけではない。

島村抱月は、「大体に日本の言葉は階級的に発達して居る分子が多い」とする。これは、つまり如何なる日本語の表現においても、なにがしかの「階級」、言い換えれば上下関係をイメージさせてしまうのであって、中立的な表現がしにくいということである。そこで「相手を前に控へた、極私交的の談話には、相手次第で高下自在に適当の敬語を用ひることも出来るが、文章などの如く、誰を当てともなく、寧ろ天下公衆を相手のものとなると、何うも適当な敬語、若しくは品格ある語に欠乏を感ずる」とする。具体的には、「全く私交的の敬語に傾いて、之を其のまゝ文章にすれば、何うも敬語に過ぎたやうに感ずる」し、「それかと言ッて、「云々だ」と言ひ放てば、独語的、すなはち横座弁慶の独りで、気焔を吐く格に聞えて、おもしろくない」。英語の「英語でイット、イズ云々」といった、「上下公私に通じて、普遍的に用ゐられ」る文末が日本語には欠乏しているのである。ここで「多分紅葉氏あたりが流行りはじめであツたか、「云々である」といふ辞法」がある。島村はこれを「「云々でござります」と「云々だ」との中間を行くもの」として一定の評価をしつつ、「まだ十分独坐放言の口気を脱したものとは言はれ」ず、「工風はまだ〳〵大に凝らす必要があらう」としている*7。

ここで注意したいのは、デアルが、ダ、デゴザイマスとともに、読者への語り掛け方の種類として論じられているところである。どのような語り掛け方であれば、尊大にも、へりくだった感じにもならない中間的な語り口になるか、という

---

*7 島村抱月「言文一致と敬語」（『中央公論』明治33年2月）。このほかに山本正秀はデアル体が好まれた理由として、「〜このように「である」が、欧文直訳語の経歴をもち、それゆえ封建的臭みを伴わないフレッシュな新語であったから」（p.219）との理由を考えている（山本、1971）。

3.4 文末表現 53

のが島村の論点である。言い換えれば、いかにしてデアルから読者への語り掛けの調子を消去し、「認識」の言語に作り替えていくか、という問題はここでは論じられていない。紅葉がデアルを用いたのは、地の文が「あまり目立たぬやう。耳だたぬやうにと、心がけ」た結果であったが*8、しかし、すでにみたとおり、紅葉の『多情多恨』では読者に対する語り手が顕在化する文体においてデアル体が用いられているのであって、デアルが対読者意識を超越した形式としては理解されていない。『吾輩は猫である』においても、デアルは演説口調という〈語り〉の調子の中で物語が語られている。つまり、草創期の言文一致体において、デアル体が認識の言語であり、デス体が伝達の言語であるといった棲み分けが行われていたわけでない。デアルという文末表現が認識の言語としてみなされるようになるのは、近代小説（自然主義小説や私小説など）や学術的な文章、論説文などにおいてデアルが用いられ、対読者を超越した語り方にデアルを用いる習慣が定着していったからである。

3.4.2　常体と敬体の問題——『大菩薩峠』をテクストに

　すでに見たとおり、近代小説の内、純文学系の文章は読者に語り掛ける語り手を消去する方向に進んだが、大衆文学の方は、むしろ国民に語り掛ける語り手を創造する方向に進んでいった。これは渡辺実の言葉を用いれば、純文学系の小説が「認識」の言語を志向したのに対して、大衆文学（特に時代小説）は新たな「伝達」の言語を志向したと理解することができよう。

　ここで問題にしたいのは〈語り〉の質である。大衆文学が「伝達」を志向したとはいっても、書記言語である以上、落語や講談といったかつての〈語り〉のありようをそのまま引き継いでいるとは考えにくい。白井喬二の『富士に立つ影』においては、〈語り手—読者〉のレベルと、〈語り手—作品内世界〉との往還が認められることはすでに述べたとおりであるが、とはいえ全編、デアル体、つまり常体で語られている。この作品が書かれた大正末から昭和初期においては、すでに三人称小説や私小説が成立しており、文章におけるデアルの意味付けは明治二十年代から三十年代とは異なっていたであろう。この意味では聴衆に直接語り掛ける落語、講談のスタイルをすでに脱していると認めることができる。

---

*8　「隠形術（おんぎょうじゅつ）」『紅葉遺文』（星野麦人・篠山吟葉編、明治43年（1910）博文館）、これは山本正秀によれば、『冷熱』（明治27年（1895））出版の際に書いたと思われる、としている（山本、1971）。

一方、やはり時代小説を代表する中里介山の『大菩薩峠』は敬体と常体がまじりあったスタイルで語られており、より読者への働きかけの強い文体になっている。しかし、一般的に言って、文章のスタイルは一定の形を維持されるのが普通であり、ダ・デアルといった状態の文章に敬体が混じることはあまりなかろう。逆に敬体の文章に常体が混じることも、無条件に起こることではない。『大菩薩峠』の敬体、常体混用の問題を、野田尚史の議論を準拠枠にして議論する[*9]。
　野田はまず、文体の形態と機能を表3.1のように分類する。

表3.1

形態	機能		呼称
デスマス体	ていねいさを考慮	ていねい	ていねい形
非デスマス体		非ていねい	非ていねい形
	ていねいさを非考慮		中立形

　野田は、形の上では非デスマス体は一括して扱われていたものを、対聞き手を意識した「非ていねい形」と、そもそも対聞き手を意識するかどうか問題にならない、あるいは「読み手をていねいに待遇するかどうか考えない」スタイルである「中立形」とを区別する。そして、デアル体を読み手への待遇性を意識しない「中立形」とみなす。これをもとに文体を次の3つに区別する。

　ていねいさを考慮　　ていねい調……　ていねい形の文が基調の文体
　　　　　　　　　　　非ていねい形……非ていねい形の文が基調の文体
　ていねいさを非考慮　中立調　　……　中立形の文が基調の文体

　野田が議論するのは、「ていねい形と中立形が混用された文章・談話」であり、「ていねい形と非ていねい形が混用された文章・談話」は扱わない。
　野田は、ていねい調の文体の中に中立型の文が混じる場合と、中立調の文体の中にていねい形が混じる場合、それぞれどんな表現のタイプの文が混じるかを論じる。その結果、ていねい調の文体に混じる中立型の文は、心情文（聞き手に伝達する意識がないまま、自分が思ったことを述べる文）、および、従属文（従属節と同じように、ほかの文に従属している文）であり、中立調の文体の混じるて

[*9] 以下の野田の議論は野田尚史（1998）に基づく。

いねい形の文は、伝達文（聞き手に対する質問や命令を、話し手が聞き手に伝達する文）や主張文（事態に対する判断や説明を、話し手が聞き手に主張する文）であることがわかった。要するに、ていねい調の文章・談話であっても、聞き手への働きかけの弱い文は中立形になりやすく、中立調の文章・談話であっても聞き手への働きかけの強い文はていねい形になりやすいというわけである。なお、事実文（事実を客観的に述べる文）は、心情文や従属文（聞き手へ働きかけ弱）と伝達文や主張文（聞き手への働きかけ強）の中間である。

要するに野田の議論に従うならば、ていねい形と中立形の違いは聞き手への働きかけの有無の問題であり、文章において聞き手への働きかけの強弱の度合いが、両者の混用の仕方に平行するということになる。

以上の理論枠を用いて『大菩薩峠』の文章を検討する。

例文 27

これより先き、駒井甚三郎が、この度の造船(ぞうせん)に当つて、何物よりも苦労してゐるのは蒸気機関の製造であつた事は前に申(一)した通りです。他の部分は、ほとんど完全に設計が出来、順調に工事も進行し大砲の据ゑ付けでさへが、駒井の知識と技能を以て立派に完成の見込がついたのにかゝはらず、蒸気機関だけは苦心惨憺を重ねて、未だその曙光を見ないといふ有様(二)であります。これはその当時の日本としては全く不可能(ふかのう)の事であり、駒井が不可能ならば、無論(むろん)、日本の国の何処へ持つて行つても可能な筈がないことは、何人よりも当人自身が熟知(三)してゐる処です。
最初の計画は必ずしも、機関を要せずとも帆力(はんりょく)を応用することによつて成算を立てたけれども、どうしても補助機関が欲しくなるのは道理(1)である。
そこで無謀に近い熱度を以て、駒井が、自身その製作(せいさく)—といふよりは創造よりも困難に近い仕事に当らうと決心したのは一日の故(四)ではありません。
彼は、これがために、この忙しい間を石川島の造船所へ行つたり、相州に横須賀まで見学に出かけたりしましたが、駒井が時めいてゐる時ならば兎に角、今の地位ではその見学も思ふやうに自由が利かないのか、途中から専ら書物によることにして、蘭書(らんしょ)や英書(えいしょ)の有らゆるもの—それは幸ひに自分が在職中に手を伸ばし得る限り買ひ求めて置いたから、それによつて工夫を立てることに立ち戻り(五)ました。
とはいへ、こればかりは、いかに駒井の優秀な頭脳を以てしても、一年や半

年の間に捗を行かせやうとした事が無理で、駒井も、今はほとんど絶望の姿で、どの道、機関無しの最初の構造に逆戻りする外はあるまいとあきらめるばかりです。

かく、諦めながらも、それでもかれの不断の研究心が、未練執着を断ち切れなかつた時――偶然にも、かれの手許へ新客となつたマドロス君が、無造作に今の駒井の胸を跳らすやうな事をいひ出しました。

それは、この銚子の浜のうちの「クロバエ」といふ浦へ、先年ある国の密猟船が吹きつけられて来てその中の一隻が破壊して海の中へ沈んでしまつた、乗組はほとんど仲間の船に救助されたが船のみは如何ともすることが出来ず、完全にあの海の中に沈んでゐる――それは二本マストの帆船ではあるがサヴアンナ式の補助機関がついてゐた。それがそのまゝそつくり銚子の浦のクロバエの海に沈んでゐる――といふことをマドロス君が駒井に向つて偶然に語り出たのです。

その某国といふのは何処か知らないが、多分オロシヤではないかと思はれる。さうしてこの事を語り出たマドロス君の言分が、出鱈目のホラでない事は、その言語挙動の着実が証明する、恐らく、この先生も当時その密猟船のうちの一つに乗つてゐて、親しく遭難の一人であつたのか、さうでなければ他船にゐて、実際その船の沈むまでを見てゐたものとしか思はれない位の話しぶりでありました。

さほどの船を沈めつぱなしで、音沙汰もなく行つてしまつたのは、彼等密猟船自身の疵持つ脛であらう。

これを聞くと駒井は天の与への如き感興に駆られてしまひました。

その結果が、こゝに右の密猟船の引揚作業を企てる事となつたので――船全体を引揚げることが出来ないとすれば、その機関だけでも――その熱望が遂にマドロスを先発せしめ、自分はかうして田山と相伴うて、こゝまで集まり来つたといふ次第であります。

来て見れば、高崎藩の旧陣屋を利用した引揚事務所と、その準備とは、自分があらかじめ指図をして置いたのにより遺憾なく進行してゐる。

水練に妙を得たマドロス君は、先発して黒灰の浦の船の沈んだ海面を日毎に出没して、たしかに当りをつけてしまつた。設備さへ完全すれば、船全体を引揚げることも必ずしも不可能ではないやうな事を言ふ、また潜水夫の熟練なのさへあれば、補助機関だけを取り外して持つて来るのも、難事ではない

やうな事もいふ。

併し、事実はそれほど簡単に行くかどうか、駒井も決して軽々しくは見ず、引揚げに要するこの付近で集められる限りの人員と器具とを用意して、黒灰の浦に集め、海岸に幕を張つて事務所を移したのは到着のその翌々日の事でありました。

その日になると、黒灰の浦は町の立つたやうに賑ふ。

勿論、これだけの仕事を人目に立たないやうにやるわけには行きません。すでに人目を避けずにやるといふことになれば、浦と港と界隈の人目をこゝへ集めるの結果になるのは当り前です。

何も知らぬ浦人は、幕府から役人が来て天下様の御用で、この引揚工事が初まるのだとばかり思うてゐました。

さう思うのも無理はありません。かりそめにも、これだけの工事が一私人の力で出来る筈は無いのですから、もし、有力な一私人の力でやるならば官辺の十分なる諒解を得た後で無ければかゝれない筈です。

この点において、駒井甚三郎の準備に抜かる処は無いか？

それがあつた日には、工事半ばで、たとへ目的の機関を半分まで引揚げた処で、また陸上まで辛うじて持ち上げた処で、官憲の手に没収されてしまふに定まつている。

獲物を没収されるだけならいゝが、今時、こんな無謀な工事をやり出す御当人その者の身の上があぶないではないか—

駒井ほどの男が、あらかじめ、その辺の如才が無いといふことはあるまい、こゝを管轄する処の領主とか代官とかに相当の諒解を得た後でなければこれはやれまい。

果して、工事に着手すると共に海岸は町の立つたやうな人出になり、物売店まで盛んに出張する有様となつたけれど、不思議にも、この土地の領主或ひは支配者の手から何等の故障も出る容子がありません。

（『大菩薩峠』Ocean の巻）

　上記の文章中、ていねい形は18例、中立形（あるいは非ていねい形）は14例であり、数の面からいうとていねい形が若干多い（句点の他に「—」で終わっているものも文とカウントした）。

　中立形（あるいは非ていねい形）を表現類型から分類すると、比較的わかりや

すいのが（2）～（4）の例である。この部分は「マドロス君」の発話の引用箇所であり、その後の「いうことを、マドロス君が、駒井に向かって、偶然に語り出たのです。」で受ける内容である。つまり引用構文の引用部に準ずる箇所であり、「従属文」に該当すると考えられる。（5）「思われる」とは誰が思ったのか、（6）「脛であらう」との推量は誰の推量であるのか（マドロス君？、駒井？、語り手？）はっきりしないが、それぞれ後に「さうしてこの事を語り出たマドロス君の言分が（…）」、「これを聞くと駒井は（…）」のように「マドロス君」の発話を指す指示語が現れることから、マドロス君の思考なり推量なりを表すとも読める。そしてもしそうであるならば、（5）、（6）もまた「従属文」と理解することができる。事実文についても比較的認定が容易である（（7）「進行してゐる」、（8）「つけてしまつた」、（9）「いふ」、（10）「賑ふ」）。残るは、（1）「道理である」、（11）「無いか？」、（12）「定まっている」、（13）「あぶないではないか」、（14）「やれまい」だが、これは保留して次に進む。

　次にていねい形についてだが、最も多いのが「事実文」である（（一）「申したとおりです」、（二）「有様であります」、（三）「熟知しているところです」、（四）「故ではありません」、（五）「立ち戻りました」、（六）「あきらめるばかりです」、（七）「言いました」、（八）「語り出たのです」、（九）「話しぶりでありました」、（十）「駆られました」、（十一）「という次第であります」、（十二）「翌々日のことでありました」、（十五）「思うていました」（十八）「容子がありません」）。主張文とみなせそうなのは、（十四）「当たり前です」、（十六）「無理はありません」、（十七）「かかれないはずです」である。（十三）「やるわけにはいきません」は、客観的状況を捉えたものとも、語り手の判断ともとれる文で、事実文と主張文との中間のものと理解しておく。

　野田の表現類型の分類方法は、ていねい調が基調であるなかで中立形が現れる場合、および中立調が基調であるなかでていねい調が現れる場合の文を抽出しつつ、その表現内容を分析するという方法であった。すると、次のような問題が生じる。たとえば、「この点において、駒井甚三郎に抜かるところは無いか？」という文は、語り手が甚三郎について、聞き手に伝達する意識がないまま、思ったことを述べる文、つまり心情文と一応理解が出来そうであるが、しかしそのように判断するのは、この文がていねい体ではないからである。もしも、これに「聞き手に伝達する意識」があると判断した場合（つまり中立形ではなく非ていねい形の文と判断した場合）は、別の表現類型（伝達文）に分類されることになるだ

ろう。「この点（…）無いか？」という文が心情文であるか伝達文であるかは、形式を見ただけでは区別しがたい。そして、分類を保留した中立形（ないしは非ていねい形）の諸例（(1)、(11)、(12)、(13)、(14)）がこれに該当するものである。

　野田の議論は、ある一続きの文章なり談話なりにおいて、聞き手や読者を意識する文と意識しない文との混在を認める。だからこそ、ていねい調の文章・談話に中立形が混じったり、中立調の文章・談話にていねい形が混じったりすることが議論できるわけである。しかし、もし、一続きの文章において、野田が中立形専用とみなすデアルも含め常体の形式が現れた場合にも、語り手が読者に対して語りかける語り手が存在し続けると理解した場合、形の上でていねいの形になるか否かは、「読者に対する意識があるか否か」ではなく、「読者に対する向かい方にどのような違いがあるか」という問題になるはずである。

　『大菩薩峠』の文章において非デスマス体の文が、相対的に読者に対する働きかけが弱い印象を与えることは事実である。しかし一方で、3.3.4項「大衆小説のナレーション」において『富士に立つ影』でみた二つの語りの「場」、すなわち物語内の「場」と語り手―読者間で作られる「場」との関係からを見ると、別の理解の仕方が可能である。ていねい体の待遇意識が読者に向かうことは当然である。つまり、ていねい体の文章は語り手―読者間で作られる「場」において語られるとみなせる。一方、ていねい形が付かない文は、もっぱら物語内の事実を追う表現、あるいは語り手が種々の判断をする表現であることがわかる。しかしだからと言って、三人称小説における客観描写のように、語り手が消えるわけではない。「駒井甚三郎に抜かるところは無いか？」「（…）没収されてしまうに定まっている。」「（…）身の上があぶないではないか―」「（…）、これはやれまい。」といった表現は客観描写の小説には現れない文である。つまり、こうした語り方は、読者をして作品世界へ没入させる表現効果を狙ったものであり、中立的表現とは質が異なっていると考えられる（それ故、『大菩薩峠』におけるていねい形の付かない形は、野田の分類に従うならば「非ていねい形」である）。『富士に立つ影』における２つの場の往還は、たとえばノデアッタというテンスの表現において行われていたが、『大菩薩峠』ではていねい形、非ていねい形という形式によって行われていると考えることができる。

［**揚妻祐樹**］

【例文の文献案内】

＊仮名づかいはテクストに従い、漢字は新字に改めた。

例文 1：森鷗外「牛鍋」『鷗外全集　第 6 巻』岩波書店、1972。
　明治 43（1910）年 1 月 1 日発行の雑誌『心の花』第 14 巻第 1 号に掲載され、『涓滴』『還魂録』に収められた。

例文 2、14：二葉亭四迷『浮雲』、1887（金港堂、第一編）、1888（金港堂、第二編）、1888（『都の花』、第三編）、1891（金港堂、第三編）。第三編は明治 22（1889）年、『都の花』7、8 月号に掲載。明治 24（1891）年、合本として金港堂より刊行。

例文 3：大江健三郎『万延元年のフットボール』講談社、1967。

例文 4：川端康成「雪国」『川端康成全集　第 11 巻』新潮社、1980。
　昭和 10 年（1935）1 月から断続的に雑誌連載。定本が成立するのは昭和 46 年（1971）。

例文 5、7：中村雄二郎『感性の覚醒』岩波書店、1975。

例文 6：芥川龍之介「芋粥」『芥川龍之介全集　第 1 巻』岩波書店、1977。大正 5 年（1916）9 月 1 日発行雑誌『新小説』第 21 年第 9 号に掲載され、のち、『羅生門』『鼻』『芋粥』に収められた。

例文 8、9：村上春樹『ノルウェイの森（上）』講談社、1987。

例文 10-12、15：源氏鶏太『大願成就』角川書店、1959。

例文 16：三遊亭円朝（若林玵蔵筆記）『怪談牡丹燈籠』日本稗史出版社、1884。

例文 17、18：尾崎紅葉『多情多恨』春陽堂、1887、『紅葉全集　第 6 巻』岩波書店、1993。連載は明治 29 年（1886）『読売新聞』に連載。

例文 19：夏目漱石『吾輩は猫である』『漱石全集　第一巻』岩波書店、1993。
　明治 38 〜 39 年（1906 〜 07）雑誌『ホトトギス』に連載。

例文 20-27：白井喬二『富士に立つ影』『白井喬二全集 1 〜 4』学芸書林、1969。大正 13 年（1924）7 月 20 日〜昭和 2 年（1927）年 7 月 2 日に『報知新聞』に連載され、大正 14 年（1925）〜昭和 2 年（1927）、報知新聞社刊、全 8 巻。

例文 28：中里介山『大菩薩峠』大菩薩峠刊行会、1951-53（全 20 巻）
　大正 2 年（1913）から昭和 16 年（1941）まで、断続的に発表されたが未刊である。

第4章　文字・語彙と文章

4.1　文字と文章

4.1.1　言語単位と表記規則

　日本語を文字で表記するとき、言語単位に応じて表記の規則が存在する。まず、文および文章レベルでは、以下のような事項を決める必要がある。

　　A　文字体系の選択：漢字仮名交じり文・仮名専用文・ローマ字文など
　　B　使用文字の範囲：常用漢字表・JIS漢字・アラビア数字など
　　C　書字方向の選択：縦書き（上→下）・横書き（左→右）など
　　D　区切り符号の選択：句点と読点・カンマとピリオド・区切り符号不使用
　　E　分かち書き（仮名専用文・ローマ字文の場合）

　たとえば、現代日本語では、漢字仮名交じりで、漢字は常用漢字表の範囲内にとどめ、横書きにして漢数字を使わずにアラビア数字を用いる、といった選択が一般的であろう。横書きならば、カンマとピリオドでも句や文を区切るという選択もありうるが、縦書きならば句読点しか用いない。また、ローマ字文では分かち書きが必須であり、仮名専用文にも援用することがある。ただし、漢字仮名交じり文の場合は、原則として分かち書きは必要ない。
　次に、単語のレベルでは、以下のような事項が挙げられる。

　　F　字種の選択：同訓異字の漢字選択・語種や品詞による漢字／仮名の選
　　　　択・平仮名／片仮名／ローマ字の選択など
　　G　仮名遣い：歴史的仮名遣い・現代仮名遣い・表音的仮名遣いなど
　　H　振り仮名の使用態度：総ルビ・パラルビ・原則不使用など

　Fでは、漢語・和語・外来語を原則どおりに漢字・平仮名・片仮名で書くのか、原則と異なる「にんげん・チカラ・珈琲」とした表記、感動詞「ああ」を「嗚呼」とするか、「アア」とするか、などの字種選択が問題となろう。Gでも、歴史的仮名遣いか現代仮名遣いかという根本はもちろんのこと、「ケータイ（＝携帯電

話)」のように表音的な片仮名表記の例が挙げられる。Hは難解な漢字に付ける振り仮名のほかに、「あの女(ひと)」のようなあて字も認められる。特にF～Gは、書き手の表現意図が感じられる場合が少なくない。

次に、文字と文章・文体の関係を考えてみよう。

4.1.2　現代表記の多様性

例文 1

通常、スピーカーは、1ペアのケーブルを使ってアンプとつなげば音を出すことができる、これをシングルワイヤーという。また、High（高音）側とLow（低音）側を分離させた端子もある（端子が2組み、つまり4個ある）、これをバイワイヤーという。

（『特選街』2014年10月号）

例文 2

上の十円玉は、自分自身の中心 O の周りを 2 倍の θ だけ回る。

（矢野健太郎「エレガントな解答」『数学のたのしさ』1976年）

例文1は商品説明の文だが、片仮名の使用が目立ち、HighとLowという英単語に付けられた振り仮名が目を引く。例文2にはギリシア文字 θ も含まれるが、「プラス α」や「β カロテン」などとなれば珍しい使い方ではない。

電車の中吊り広告に目を転じると、

例文 3

智将が読み解く W 杯のトレンド　　　　　（『Number』2014年7月31日号）

とあって、「W杯（← World Cup）」に翻訳と省略を経て文字化した表記がみえる。新聞の見出しで「デ杯（←デビスカップ）」などと省略する発想と同じであろう。新聞の三行広告にはスペース節約のために漢字だけの文言が見える。

＊1　各例文の出典については章末に提示するので参照されたい。

―― 例文 4 ――――――――――――――――――――――――――――
学歴経験不問通勤 OK 各種手当有※社保完賞与有◎個室寮完委細面談

（スポーツ紙　求人欄）
――――――――――――――――――――――――――――――――

　例文 1 ～ 4 には、日本語が他言語に比べて表記の自由度が高いという実態が示されている。例文 1 ～ 3 は原文がすべて縦書きであるが、字種の選択のほかに、書字方向（上→下か、左→右か）も選択できる。とはいえ、文章レベルの表記規則は時代、ジャンル、想定される読者などによって制約がある。書き手が個性を主張できるのは、多くは単語レベルの表記規則で、意識的に標準的な用法から離れることによって表現効果を狙える場合がある。現代日本語では、文章が漢字平仮名交じりを標準としているが、その標準からどの程度の隔たりがあるのかによって、書き手の個性や意図が現れるのである。

4.1.3　文字体系の選択と文体

　次の例文 5 ～ 8 は、森鷗外が家族・知人に宛てたはがきの文面である。文豪とても、読み手を想定しながら漢字や仮名を書き分けている様子がうかがわれる。

―― 例文 5 ――――――――――――――――――――――――――――
十五日の書状二通共着いたし候子供のも着いたし候今日拜觀人多くくたびれ候

（大正 8 年 11 月 16 日　森茂　森茉莉宛）
――――――――――――――――――――――――――――――――

―― 例文 6 ――――――――――――――――――――――――――――
この手紙がいつてから四つ位ねるとかへります。十七日

（大正 8 年 11 月 17 日　森杏奴宛）
――――――――――――――――――――――――――――――――

―― 例文 7 ――――――――――――――――――――――――――――
ケフモオクラニヰマシタ。ダンダンカヘルヒガチカクナリマス。

（大正 8 年 11 月 17 日　森類宛）
――――――――――――――――――――――――――――――――

―― 例文 8 ――――――――――――――――――――――――――――
拜呈自今歳末贈遺廢止仕度候ニ付御贊同被下度奉願候
己未十二月十四日　森林太郎　　　　　（大正 8 年 12 月 4 日　佐佐木信綱宛）
――――――――――――――――――――――――――――――――

例文5は妻（40歳）と長女（16歳）宛てで、候文体で記される。例文6は次女（10歳）宛てだが、例文5と同じ漢字平仮名交じり文で口語体である。例文7は片仮名専用文で口語体だが、読み手は最年少の三男（8歳）であることから、片仮名から導入される国定読本との時代的な相関がありそうである。いずれも読み手に合わせた文字体系の選択と文体になっていると言えよう。

　これに対して、例文8は、「仕度候（つかまつりたくそうろう）」、「被下度（くだされたく）」、「奉願候（ねがいたてまつりそうろう）」、のような和語の動詞、助動詞も含めて、ほとんどが漢字で記された候文である。これは当時47歳の国文学者に宛てた候文体のはがきである。候文は江戸時代に公文書にも用いられ、明治以降もその習慣が残っていたので、書簡の文体として珍しくはない。しかし、例文5に比べれば例文8は漢字のみで記されているために硬い印象を受ける。どのような文字体系を選択するかは文章の難易度ともかかわることである。それが想定される読み手への配慮にもなろう。現代でも、未就学児童を対象とする書籍の文章では漢字の使用は避け、直接語りかけるような文体で書かれる。

例文9
ちまきって　しってる？　こどものひに　たべたことが　あるかな？

（りんくんび『親子で楽しむこども料理塾』）

4.1.4　漢字仮名交じり文の位置

　片仮名は漢文訓読の場で使用されてきたため、漢字を表音的に支える性格を備えてきたとされるが、このような系譜の末流として、明治初年には学問・思想を啓蒙的に伝える平易な文語文や、講述体と呼ばれる口語文でも、漢字片仮名交じり文が用いられていた。

例文10
天ハ自ラ助クルモノヲ助クト云ヘル諺ハ。確然　経験　シタル格言ナリ。
　　　　　　　　　　　　　　　　　　シカトタメシコヽロミ

（スマイルス原著・中村正直訳（1870）『西国立志編』）

例文11
或曰ク先生ニハ平素ヨリ百教一致ト云フ説ヲ御主張ナサルト承リマシタガ実

| ニ左様デゴザルカ　　　　　　　　　　　　　　（西周（1874）『百一新論』）|

　明治中期以降は、文芸作品以外でも次第に漢字平仮名交じりが広がっていくが、公的記録や法令では漢字片仮名交じり文が主流であった。しかし、第二次大戦後に日本国憲法が漢字平仮名交じり文の口語体を採用して草案を作成したことから、官公庁の各種文書、法令でも平易化が求められた。このような状況について、法律家に以下のような発言が見える。

例文 12

　四月のなかごろに、憲法の改正案が発表されたときに、人人はその形式の革新的なのに驚かされた。ひらがな口語体という、まったく新しい形式である。《略》民主日本の憲法の形式として、これほどふさわしいものはない。これではじめて、われわれの憲法という気がする。憲法がわれわれの身についたような気がする。《略》内容の革命的な改正ならとにかく、形式を「かたかな文語体」から「ひらがな口語体」に改めたことなどは、実質に影響がなく、あまり重要なことではないといわれるかも知れない。しかし、実はそうではない。このことは、憲法そのものの重要な民主化を意味する。

（横田喜三郎（1946）「ひらがな口語の憲法」）

　字種と文体のかかわりを新旧憲法の用字の差異に注目した象徴的発言である。漢字平仮名交じり文が公文書に採用されてからは、ほとんどの分野の文章で〈漢字＋平仮名〉が組み合わせとして標準的位置を占めるようになったのである。

4.1.5　漢字と仮名

　たとえば、谷崎潤一郎（1934）『文章読本』で文章で読者の視覚に訴える文字の体裁を「字面（じづら）」と称し、「われ〳〵にのみ許された折角の利器を捨てておくと云う法はありません。」と述べるように、自由度の高い表記法を日本語の利点ととらえる考え方は根強く存在するが、単語レベルで漢字と仮名を使い分けるおおよその規則は「当用漢字表」（1946）の「使用上の注意事項」にまとまっている。すなわち、「イ　この表（＝当用漢字表）の漢字で書きあらわせないことばは、別のことばにかえるか、または、かな書きにする。」とし、「ロ　代名詞・副詞・接続詞・感動詞・助動詞・助詞」、「ハ　外国（中華民国を除く）の地名・人名」、「ニ

外来語」「ホ 動植物の名称」「ヘ あて字」は、かな書きにする、また、「ト ふりがなは、原則として使わない。」という諸事項である。

「当用漢字表」は「常用漢字表」(1981) に改まるまで、長く漢字使用の基準として出版や教育の現場に浸透していた。「常用漢字表」で「使用上の注意事項」は削除されたが、現在も漢字表記を避けて仮名書きにする語の目安になっているが、文芸創作などの場では書き手の感覚に任されることが多く、厳格な規則ではないので、そこに書き手の好みや個性、意図が反映されることがある。

― 例文 13 ―
父親似の剽軽(ひょうきん)な顔をしているので、こんなことでも真面目な調子で言うと、ひどく可笑(おか)しい。　　　　　　　　　　　　　　　（有吉佐和子『恍惚の人』）

― 例文 14 ―
結婚まではキミ子の眼に鶴夫はユーモアがあって、ヒョウキンで、そのくせ神経の細やかな青年のようにみえた。　　　　　　　　　　（遠藤周作『男と女』）

例文 13 のように「剽軽」は常用漢字表外であるため、ルビが付けられることが多い。これを例文 14 のように片仮名書きをする例も見える。例文 14 はユーモア志向の小説なので、聞いてわかる単語には難解な漢字は避けたものと考えられる。

このほかに、漢字で表記できる漢語でも、仮名書きにされやすい語としては、「挨拶→あいさつ」「曖昧→あいまい」「奇麗→きれい」「喧嘩→けんか・ケンカ」「（要領の意で）骨→こつ・コツ」「杜撰→ずさん」「贔屓→ひいき」「賄賂→ワイロ」などがある。これらが仮名書きされるのは、① 画数が多い、② その漢字がその漢語以外にはあまり使われない、③ 耳で聞いて理解でき、漢字で確認しなくてもよい語である、などの理由が挙げられる。

和語で多義にわたる語には、同訓異字の問題が発生する。たとえば、「はかる」を「図る（考える）・謀る（だます）・諮る（相談する）」のようにそれぞれ異なる漢字で書き分ける、というものだが、「計・測・量」ではそれぞれの字義が明確に区別できない。このような場合、和語は仮名書きで統一する、という選択が考えられる。以下はその実践例となる。

4.1 文字と文章

― 例文 15 ―
この画家などは、芸術をも宗教の尺度では<u>かる</u>という<u>あやまり</u>を<u>おかし</u>ているのかもしれない。
(梅棹忠夫『文明の生態史観』)

4.1.6　字装法

　文字をレトリックに応用する技法をここでは広く字装法[*2]と呼ぶ。この中には慣用と異なる意図的な字種の選択、あて字なども含まれるが、ルビ[*3]を活用して重層的な意味を添える技法を添義法と呼び、字装法の下位に位置づける。

a.　非慣用的な仮名表記

　漢語を漢字で書くのは本来的な用法だが、和語でも慣用として漢字表記が期待される語をあえて仮名書きにすることで、相対的にその語が際立つことがある。また、通常は漢字か平仮名で書く語を片仮名にしても同様の効果がある。

― 例文 16 ―
その意味においても僕の息子は、病気の息子であったわけだ。《略》それでも僕は僕の息子が、<u>ぜんたい</u>として可哀想だという実感は<u>おこ</u>らない。僕はそのために考え<u>こん</u>だりした。僕というこの<u>にんげん</u>は果してそんなに冷たいやつであったのか、僕の父も母も僕に冷たい仕打をしたことはない。
(小島信夫『微笑』)

　例文 16 の文は仮名書きを強く志向しているわけではないことは、「可哀想だ」などの用字がみえることでわかるが、下線部は平均的な用字では漢字を選択するところかと思われる。

― 例文 17 ―
イギリス、イタリア、スエーデン、<u>ニッポン</u>、フランス、インド、思い思いの形をした万国の汽船が、煙を吐いたり、汽笛を鳴らしたり、国旗をはためかしたりしている。
(井上靖『ミシシッピ河』)

[*2] 五十嵐 (1909) では「重義法」の下位に「字装法」と「添義法」を置くが、ここでは字装法の中に添義法を含めることにする。
[*3] 仮名だけでない場合もあるのでルビと総称する。

外国地名を片仮名で書くことは原則どおりだが、「日本」を片仮名で書いた例文 17 の「ニッポン」からは、世界の国々の一つとして扱おうとする意図がみえる。
　次の例文 18、19 は、和語に片仮名表記を選択することが特に異例だと考えられる。このような表記が目に飛び込んで来ると、立ち止まって作者の意図を探ってみたくなる。それが作者の仕掛けだろう。

例文 18

そうした気楽なくらしと、戦後の逼迫したそれとのクイチガイ、

(安岡章太郎『海辺の光景』)

例文 19

父親がイラ立たしげにドナった。　　　　　(安岡章太郎『海辺の光景』)

　論文などでは、キーワードや術語を際立たせ、一般語と区別したい場合に、語種に関係なく片仮名を使うことがある。

例文 20

カセギコミとイッポンは、ワカイシュウ（若い衆）といわれる未熟な段階である。イッカナノリとダイメはオヤブン（親分）で、イチニンマエ（一人前）、シンノウサン（神農さん）ともいわれる。

(厚香苗『テキヤはどこからやってくるのか？』)

　片仮名の表音性を利用し、外国人の発話をあえて片仮名書きにする例もある。

例文 21

「コンニチワ、ハジメマシテ」たどたどしいがヒギンズ日本語であいさつし、

(野坂昭如『アメリカひじき』)

---

b.　あて字とルビ

　漢字は意味と読み（音または訓）を合わせ表す機能を持つが、本来の用法と異なる変則的用字をあて字と呼ぶ。ただし、漢字と読みの結びつきは時代によって異なるため、あて字意識も時代によって異なる。現代では「豆腐」に「豆富」という好字をあてて価値を高めたり、「フランス料理」を「仏蘭西料理」とするこ

4.1　文字と文章　　69

とで高級感を演出する役割を果たす。高村光太郎は「レモン哀歌」と記したが、梶井基次郎は『檸檬』と漢字で書く。吉行淳之介は「私は、梶井基次郎の文章は、日本語の手本のようなものとおもっているが、その梶井の代表作と見なされる「檸檬」は、私だったら「れもん」と書く。このむつかしい文字にはじめてお目にかかったときには、なにか禍々しい気分を受けた」（吉行、1969）と述べる。種々の演出をするために変則的な漢字表記が用いられることもある。夏目漱石『吾輩は猫である』の「三馬」（サンマ）は有名だが、漢字の意味を犠牲にして音だけを表す表記である。このような借音表記は明治期に「矢張」（やはり）、「屹度」（きっと）などと容易に見出されるが、いずれも漢字に意味はない。一方、あて字には、漢字の読みを犠牲にして漢字文字列で意味を表す借義表記がある。「梅雨」（つゆ）、「二十歳」（はたち）のように熟字訓と呼ばれて定着しているものもあるが、「太田道灌」（にわかあめ）（『当世書生気質』）のような故事に基づく連想が必要になる表記には漢字とルビとの関係は臨時的であり、その場合は、ルビが不可欠の要素となる。

例文 22

極温和い男で、高利貸などの出来る気ぢやないのですから、
（ごくおとなし）（をとこ）（アイス）（でき）（き）

（尾崎紅葉『金色夜叉』中編）

例文 23

湯帷子掛の男に連れられて、背後の二階へ来て、
（ゆかたがけ）（うしろ）

（森鷗外『雁』）

　例文 22 の「高利貸」は、「高利（コーリ）」と「氷（コーリ）」が同音であることから「高利貸」の俗称として「アイス」が用いられていた時代に漢字とルビを対応させた表記であり、漢字本来の音訓から見れば変則的である。言葉としてはルビの「アイス」が主、漢字は従で、注釈的に意味を添えるために「高利貸」としたのである。漢字にルビを付けることで重層的な表現効果が生まれることから、添義法と呼ばれるレトリックの 1 つとされる。「温和」に「おとなし（い）」や例文 23 の「湯帷子」に「ゆかた」、「背後」に「うしろ」でも、言葉としてはルビが主である。現代作家でも例文 24 のようにあて字で作品に古風な彩りを加える例もある。

― 例文 24 ―
「水琴窟(すいきんくつ)といってね、《略》毀(こわ)れた弾條(バネ)仕掛けの玩具(おもちゃ)を耳もとで振ってるみたいな音さ。《略》錘(おもり)と自鳴琴(オルゴオル)が仕掛けてあるような。」

(長野まゆみ『鳩の栖(はとのすみか)』)

翻訳ではルビ部分で原語を、漢字文字列が注釈や説明に相当する例もある。この場合、意味を表す漢字表記と外国語を表すルビとが一体となって重層的な表現を成立させている。翻訳における技法の1つと考えられる。

― 例文 25 ―
「ほら、ブリュノ船長よ」ティアレがいった。

(サマセット・モーム著・金原瑞人訳『月と六ペンス』)

― 例文 26 ―
「君、失敬ですが、ご職業はなんですか？」
「便利屋(コミッショネア)であります。制服はその、修繕(つくろい)に出していますんで」

(コナン・ドイル著・延原謙訳『緋色の研究』)

c. 仮名遣い

現代語を歴史的仮名遣いで書く場合、書き手に遡源主義ともいうべき思想がありそうである。歴史的仮名遣いに準じる「私の表記法」を掲げた丸谷才一が「名文がわれわれに教へてくれるものは、第一に言葉づかひである。」(丸谷、1977)のように綴ったのは独自の思想があったのだろう。しかし、思想とは別に、単に現代仮名遣いと異なる仮名遣いもある。ドジョウは歴史的仮名遣いとして「どぢやう」説が優勢とのことだが、看板では「どぜう」が優勢である。歌謡曲「シクラメンのかほり」も歴史的仮名遣いでは「かをり」が正しい。人名「かほる」「かほり」と同様に柔らかな感覚を重んじた仮名遣いなのだろう。

4.2 語彙と文章

4.2.1 語のイメージ

言語に形式と内容があるとすると、音の連続した形式が語であり、語によって伝えられる内容が意味であると言うことができる。さらに語にはあるイメージが

ともなう。一般にそれは「語感」と呼ばれる。作者の体験を綴った以下の文には「語感」が使われている。

> **例文 27**
> これは日本語のアパートの語感からほど遠い代物で、読者にイメージを組み立ててもらうなら、まず公団住宅を二つつなげたようなものだと言った方がよい。病院のようなもの、と言ってもよい。　　（中上健次『America、America』）

「アパート」の中心的な意味は集合住宅であることは変わりないが、日本語のアパートには建物の大きさ、部屋の数などすべてが小ぶりである、というイメージが浸透していることを前提とした描写である。国語辞典では、

> 【語感】①ことばに対する感覚。言語感覚。特に、類義語の微妙なニュアンスの差を感じ取る能力。「―が鋭い」「―を磨く」②ある語が指示する対象的な意味以外に、その語がもつ感じ。「―が悪い」「―の違い」▷感情的な意味や文体的な意味を指す。　　（森岡ほか（1993）『集英社国語辞典』）

と説明されるが、この辞書の編者でもある中村明が「ことば自体にしみついている、ある種のにおいのようなものをさす。」（中村、1994）とした比喩が「語感」を端的に表現している。

4.2.2　語種と語感

語感は感覚の問題であるが、語種と語感との関係はすでに指摘されている。たとえば、［やどや＜旅館＜ホテル］という順は［和語＜漢語＜外来語］という語種と対応しており[*4]、順に対象のイメージが上昇する、という指摘である。［ながし＜台所＜キッチン］も同様であろう。一般に、和語は使用頻度が高いので、新鮮みが薄れてイメージが低下し、外来語は日本語に組み入れられた期間が短く、新鮮なイメージで使用されるからであるというのが大まかな傾向である。ただし、個別には必ずしもそうならない。［くちづけ、接吻、キス］では、「キス」が最も標準的で中立的、「くちづけ」は文学的で日本的、「接吻」は古風で重厚な印象をともなう。そのため、［接吻＜キス＜くちづけ］の順で行為のイメージがよ

[*4] ここでは、語例の平仮名表記は和語、漢字表記は漢語、片仮名表記は外来語に対応させている。

くなると思われる。［いいなづけ、婚約者、フィアンセ］の場合は和語の「いいなづけ」が「親が決めた結婚相手」という古風な習慣の感覚がともない、「フィアンセ」も時代遅れの古めかしさが感じられるため、［いいなづけ≒フィアンセ＜婚約者］のように位置づけられ、相対的に「婚約者」の語感が上昇するのではないかと思われる。［ワイフ＜つま≒家内］の例では外来語が古びてしまい、語感として最も下位にあると思われる。語感が時代によっても変化する例であろう。

4.2.3 専門語と一般語

専門語は概念を厳密に定義する必要があるため、漢語を用いることが多く、欧米由来の概念では、原語を片仮名読みをしてそのまま日本語の文脈に入れ込むことがある。そのため、専門語はその方面の知識を持たない者にとっては理解しがたい。以下は、一般にわかりにくいとされる医療・介護および法律の用語について、専門語（左）と一般語（右）を対照させた例である。

医療・介護　　齲歯：虫歯　疣贅：いぼ　痤瘡：にきび　嚥下：飲み込み
　　　　　　　仰臥位：あお向け　褥瘡：床ずれ　ADL：生活基本動作
法律　瑕疵：欠陥　善意：知らなかった　悪意：知っていた（cf. 善意の第三者）　果実：収益（cf. 天然果実　法定果実）

わかりにくさの原因には、①日常的に使用されずなじみがない語、②日常語とは異なる概念規定がされている語、などである。「不法に人を逮捕し、又は監禁した者は」（刑法第二百二十条）のように「逮捕」を「（犯罪者が）強制的に人が移動する自由を奪う行為」を指すが、日常語では「警察や検察が犯人の身柄を拘束すること」に使われる。さらに、一部法律用語では漢語が日常語の読みと異なる読み癖を持っている。「遺言・競売・図画」などがそれである。

4.2.4 業界用語と隠語

専門語に近い概念には業界用語がある。業界用語は専門用語のように概念規定が厳密ではないが、当該の職業でよく使用される語で、芸能、工芸、調理など種々の職種で、その職業特有の語が使われる。

― 例文 28 ―
鋳物師のカタゴメも難しい仕事で、これはおやぢが自分でやつてゐた。ナマ

ガタと言つて、水分をふくんだ砂で鋳型をつくるのだ。（髙見順『いやな感じ』）

　業界では関係者以外には隠すべき内容を隠語で伝える。隠語は、職業集団、反社会集団など、集団の性格にかかわらず、秘匿を目的とする語である。しかし、かつて隠語だった「デカ」や「サツ」などの語は一般の知るところとなり、文章で使われることによって、小説の会話で人物造形に関与したり、ルポルタージュで臨場感を伝える役割を果たすこともある。例文29では字装法が効果的に用いられている。

例文 29
「不法所持していたということで逮捕(パク)られる。刑事は事務室を捜索(ガサ)ったけど《略》警察にパクられたら」　　　　　　　　　　　（結城昌治『不良少年』）

　また、業界用語や隠語を使う主体が必ずしも当該集団の成員でなくとも、自己表現のための仮装用として選ばれ使われる語彙であるようだ。例文30はそのような意識を小説の中で端的に述べている。

例文 30
ある女子大の英文科をでたくせにどこか不良を気どるとこがあって、下司っぽい隠語をよく使ったものだ。　　　　　　　　　（鮎川哲也『絵のない絵本』）

4.2.5　雅語と俗語

　雅語（雅言とも）は、平安時代までの和語、特に和歌に用いられた歌語が尊重されるようになり、雅語と呼ばれるようになった。雅語は〈典拠あり／古風／洗練／典雅／格式ある／書き言葉〉といったイメージでまとめられる。一方、俗語（俗言、俚言とも）は、雅語の範疇に入らない語彙として位置づけられ、〈（発生の）典拠不明／当世風／通俗／無骨／日常的／話し言葉〉といったイメージでまとめられる。ただし、雅語と俗語の境界線は必ずしも明確ではない。何を雅語とし何を俗語とするかは、時代によって概念が少しずつ異なるが、雅語と俗語は対比的に考えるべき概念である。一例として雅語を俗語で言い換える形式の雅俗対訳辞書で例を示そう。河崎清厚（1844）『雅言童喩』では、以下のように雅語を平仮名、俗語を片仮名（一部に漢字）で示して対照させている。

---例文 31---
いと ハナハダ・キツウ・イカウ　いぬ イタ　いな イヤ　いむ ヨケル　いや イヨヽ・イヤガウヘ
いま オツヽケ・ヤガテ・タツタイマウ・マダ　いで ドリヤ・ヤアコレ・イヤモウ　いさ ドウアルカ　いざ
ドリヤ・サア　いみ 忌中　いも 女房　いろね 姉　いとふ キラウ　いど ーバイ
タヅサヘ
　　　　　　　　　　　　　　　　　　　　　　　　　　　（河崎清原『雅言童喩』）

　上に見える、「忌中」「女房」などの漢語も俗語扱いされており、生活に根ざした漢語はすでに俗語の意識で用いていたのだろう。雅語は、近代以降も韻文では好んで取り込まれた。口語文体が成立する過程で、反動としての美文に雅語が多く用いられた。美文はかつての文部省唱歌の歌詞として、今日も親しまれている。

---例文 32---
あした浜辺をさまよえば　昔のことぞ忍ばるる
風の音よ　雲のさまよ　寄する波も　かいの色も　　　　（林古渓『浜辺の歌』）

　例文32は和語だけで書かれた詩だが、漢語も美文には重要な要素となりえており、多くの漢語を取り入れて雄渾に仕上げた作品もある（下線部は漢語）。

---例文 33---
箱根の山は、天下の<u>嶮</u>　<u>函谷關</u>もものならず　<u>万丈</u>の山、<u>千仞</u>の谷
前に<u>聳</u>へ、後方にささふ　雲は山を巡り　霧は谷を閉ざす　昼<u>猶</u>闇き
杉の並木　<u>羊腸</u>の<u>小徑</u>は苔滑らか　　　　　　　　　（鳥居忱『箱根八里』）

　散文では雅語を取り込んだ文語文に俗語を交えたいわゆる雅俗折衷文体が好まれたが、近代以降、俗語は口語文が主流になるにつれて、俗語から〈日常語〉という意識が薄れ、〈卑俗語〉の意を帯びるようになるが、二葉亭四迷は文語文の伝統と抗いながら、俗語尊重の立場を次のように回顧した。

---例文 34---
自分の規則が、国民語の資格を得てゐない漢語は使はない、例へば、行儀作法といふ語は、もとは漢語であつたらうが、今は日本語だ、これはいゝ。併し<u>挙止閑雅</u>といふ語は、まだ日本語の洗礼を受けてゐないから、これはいけない。《略》日本語にならぬ漢語は、すべて使はないといふのが自

> 分の規則であつた。《略》成語、熟語、凡て取らない。僅に参考にしたものは、式亭三馬の作中にある所謂深川言葉といふ奴だ。《略》「腹は北山しぐれ」の、「何で有馬の人形筆」のといつた類で、いかにも下品であるが、併しポエチカルだ。俗語の精神は茲に存するのだと信じたので、
>
> （二葉亭四迷『余が言文一致の由来』）

　雅語と俗語との関係は、「故事成語・格言」と「ことわざ」の関係に似ている。故事成語や格言は、典拠のある語句から教訓や思想を汲み上げた慣用表現だと言えるのに対し、ことわざは、発生に典拠を持たず、生活の中に根ざした知恵を短くまとめた慣用表現の集積であると言える。例文34で、俗語のもつ生命力を見出した二葉亭の感覚と重なるところがあろう。

4.2.6　文体のバランス

　次の例文35は、あえて文体のバランスを崩して笑いを誘おうとした文である。

例文 35
> 拝啓ますますご繁栄の段、<u>うはうは</u>お喜び申しあげます。さて、先般ご注文により<u>どんと</u>ご送品申しあげました。干瓢二〇キロ代金一万八千円也、当店振替口座に<u>どんぴしゃ</u>とお払い込みいただき<u>がっちり</u>と拝受いたしました。まずは入金ご通知かたがた<u>そそくさ</u>と御礼申しあげます。
>
> （井上ひさし『自家製文章読本』）

　下線部は、卑俗な語感の強い副詞ではあるが、伝達する内容が理解できないわけではない。しかし、「拝啓」で始まる手紙、という点ですでに文体のレベルは枠組みとしてほぼ決まっていると言える。文体を形成する語のイメージとしては、たとえば、次のような指標が考えられる。

　　文章語的な：口頭語的な　　古風な：新奇な　　硬い：軟かい
　　改まった：くだけた　　　　優美な：卑俗

　「拝啓」で始まる手紙文は、上のような対立において、いずれも左側に傾くほうが文体として自然である。

このように、内容が同じであっても、単語が背負っている文体的特徴*5 の見極めを誤ると、文体のバランスが崩れ、文全体が不適切に感じられることになる。たとえば、「腹が減った／おなかがすいた」は同じ内容を述べているが、「腹がすいた／おなかが減った」という組み合わせは、現実に耳にすることもあるが、文体的なバランスを欠いている。

P　平素は　　格別の　　ご支援を賜り　　　まことに　　ありがたく存じます。
Q　日頃から　大変　　　応援していただき　本当に　　　ありがとうございます。
R　いつも　　とても　　助けてもらい　　　ほんとに　　ありがとう。

これらの要素が入れ替わると、やはり不自然で幼稚な文に見える。

S　日頃から　大変　　　応援していただき　ほんとうに　ありがとうございます。
T　いつも　　格別の　　ご支援を賜り　　　ほんとに　　ありがたく存じます。
U　平素は　　とても　　助けてもらい　　　まことに　　ありがとう。

S程度ならば、違和感を感じないかもしれないが、Tでは「ほんとに」、Uでは「平素は」「まことに」のレベルと、「とても」「ありがとう」のレベルが不均衡である。文を作るとき、単に狭義の文法が正しいというだけでは不十分で、それぞれの語が文体レベルでも的確に配置される必要があるのである。特に副詞の言葉選びには注意が必要である。

4.2.7　気持ちのよい語

音読したり、朗唱したりすると、リズミカルで気持ちのよい文がある。

例文 36

行く河の流れは絶えずして、しかも、もとの水にあらず。よどみに浮ぶうたかたは、かつ消え、かつ結びて、久しくとどまりたる例なし。

(鴨長明『方丈記』)

例文 37

祇園精舎の鐘の声　諸行無常の響きあり

---

*5　単語に見られる文体的特徴については、宮島 (1977) および宮島 (1988) を参照。

> 沙羅双樹の花の色　盛者必衰の理をあらわす　　　　　　　　（『平家物語』）

これらは対句が用いられ、繰り返されるリズムに心地よさを感じる文である。また、名詞の巧みな排列によって八五調、七五調を作り出した傑作として知られているのは「二条河原落書」である。

例文 38

此頃(このごろ)都ニハヤル物　夜討強盗謀綸旨(やとうごうとうにせりんし)　召人(めしうど)　早馬(はやうま)　虚騒動(そらさわぎ)
生頸還俗自由出家(なまくびげんぞくままでしゅっけ)　俄(にわか)大名迷者　安堵恩賞虚軍(そらいくさ)
本領ハナル、訴訟人　文書入タル細葛(ほそつづら)
　　　　　　　　　　　　　　　　　　　　　　　　　　　（『二条河原落書』）

このように思想や社会批判などを含んだ名文のほかに、言葉遊びに徹したフレーズも人気がある。例文 39 は句と句を尻取り形式でつなげた妙であろう。

例文 39

牡丹に唐獅子竹に虎、とらを踏まいて和藤内(わとうない)、内藤様は下り藤、富士見西行は後(うしろ)向き、むきみ蛤(はまぐり)ばかはしら、柱に二階の縁の下、

　　　　　　　　　　　　（岡本昆石編『あづま流行 時代子供うた』）

言葉遊びは〈しゃれ〉〈なぞ〉〈字謎〉などの系統に分類できるが、「驚き桃の木山椒の木」「恐れ入谷の鬼子母神」「恐れ炒り豆はじけ豆」は最初の「驚き」「恐れい（った）」という部分だけに話者の感情を伝える実質があり、残りの部分は語調を整えるために遊びとして付け加えただけである。これらは「無駄口」と呼ばれる言葉遊びで「しゃれ」や「なぞ」の要素を複合的に盛り込んだものである。現代の「結構毛だらけ猫灰だらけ」や「あたりマエダのクラッカー」なども同工である。これらは口に出して唱えること自体に楽しみが感じられる気持ちのよい言葉なのである。

［木村義之］

【例文の文献案内】
例文 1：「機材選びからセッティングまで 「大人のオーディオ」 いい音が手に入る！ 最新極意 50 Part 3 セッティング編」『特選街』2014 年 10 月号。
例文 2：矢野健太郎「エレガントな解答」『数学のたのしさ』新潮文庫、1976。
例文 3：「敗北の研究」『Number』2014 年 7 月 31 日号。
例文 5-8：森鷗外書簡：『鷗外全集　第 36 巻』岩波書店、1975。

例文 9：りんくんび『親子で楽しむこども料理塾』明治書院、2013。
例文 10：スマイルス原著・中村正直訳『西国立志編』1870、国会図書館近代デジタルライブラリー。
例文 11：西周『百一新論』1874、国会図書館近代デジタルライブラリー。
例文 12：横田喜三郎「ひらがな口語の憲法」『パリの奇跡』勁草書房、1946。
例文 13：有吉佐和子『恍惚の人』新潮文庫、1972。
例文 14：遠藤周作「男と女」『遠藤周作ユーモア小説集 II』講談社文庫、1972。
例文 15：梅棹忠夫『文明の生態史観』中公文庫、1998。
例文 16：小島信夫『微笑』『われらの文学　第 11 巻』講談社、1955。
例文 17：井上靖「ミシシッピ河」『運河』筑摩書房、1967。
例文 18、19：安岡章太郎『海辺の光景』『われらの文学　第 12 巻』講談社、1960。
例文 20：厚香苗『テキヤはどこからやってくるのか？』光文社新書、2013。
例文 21：野坂昭如「アメリカひじき」新潮文庫、1968。
例文 22：尾崎紅葉『金色夜叉』『明治文学全集　第 18 巻』筑摩書房、1965。
例文 25：サマセット・モーム著・金原瑞人訳『月と六ペンス』新潮文庫、2014。
例文 26：コナン・ドイル著・延原謙訳『緋色の研究』新潮文庫、2014。
例文 24：長野まゆみ『鳩（はと）の栖（すみか）』角川文庫、1995。
例文 27：中上健次『America、America』角川文庫、1985。
例文 28：髙見順「いやな感じ」『筑摩現代文学大系　第 52 巻　高見順集』筑摩書房、1977。
例文 29：結城昌治『不良少年』中央文庫、1971。
例文 30：鮎川哲也「絵のない絵本」『メルヘンミステリー傑作選』河出文庫、1989。
例文 31：河崎清厚『雅言童喩』1844、早稲田大学図書館蔵書
例文 32：林古渓「浜辺の歌」、金田一春彦編『日本の唱歌』（上）・（中）講談社文庫、1977・1979。
例文 33：鳥居忱「箱根八里」、金田一春彦編『日本の唱歌』（上）・（中）講談社文庫、1977・1979。
例文 34：二葉亭四迷「余が言文一致の由来」『明治文学全集　第 17 巻』筑摩書房、1971。
例文 35：井上ひさし『自家製文章読本』新潮社、1984。
例文 36：鴨長明『方丈記』『日本古典文学大系　第 30 巻』岩波書店、1965。
例文 37：『平家物語』『日本古典文学大系　第 32 巻』岩波書店、1959。
例文 38：「二条河原落書」、笠松宏至・百瀬今朝雄・佐藤進一編『日本思想大系　第 22 巻 中世政治社会思想　下』岩波書店、1981。
例文 39：岡本昆石編「あづま流行 時代子供うた」、浅野建二・尾原昭夫・平井康三郎編『日本のわらべ歌　第 27 巻　近世童謡童遊集』柳原書店、1991。

第5章　文章の種類（1）
　　　　　描写する文・訴える文

5.1　描写する文

5.1.1　新聞記事（報道文）

　新聞記事は文章のタイプ別に見ると、第1面や政治、経済、社会面などに掲載されるニュースの「報道文」、社説やコラムなどの「論説文」、時事用語の解説をする「説明文」など多岐にわたる。ここでは代表例として、情報伝達を目的とした報道文について説明する。

　ニュース記事は重要な結論から先に書く要点先述型で、後ろになるほど補足的な文になる「逆三角形」のイメージで構成される。限りある紙面に記事を載せるため、後の段落から順次削っていけるような形になっている。最小限で過不足なく情報を伝えるため、5W1H「いつ（When）・どこで（Where）・だれが（Who）・何を（What）・なぜ（Why）・どのように（How）」の6要素が盛り込まれる。ただし、記事によっては、6要素のすべてが必要なわけではない。

　また、記事にはニュースの内容を一目でわかるよう記事の核心を要約した見出しが付けられる。見出しは文字の大きさや形でニュースの重要性を示し、読者に価値判断を示す役割がある。多くの記事の中から読者が必要な記事を選ぶ際の目安にもなる。

　例文1は「在宅勤務制度　全社員に拡大　三菱ふそう、自動車で異例」という見出しがついた新聞記事である。

例文1

　　三菱ふそうトラック・バスは全社員（約1万1000人）が利用できる在宅勤務制度を1月から導入した。昨年、試験的に運用し、社内で好評だったため、販売や開発要員など全社員に広げた。今回の制度は育児と介護を目的とした在宅勤務だが、今後、条件を撤廃することも検討する。トラックメーカーはもともと男性が多いが、女性の比率も高まっており、働きやすい制度を整え定着を促す。

工場の生産現場や販売店の整備担当者など在宅勤務が不可能な職場を除き、全社員が対象となる。車両開発など頻繁に同僚との話し合いが必要な部署を抱える自動車業界では珍しい取り組みで、日本のトラックメーカーとしては初めてだという。今回の制度は利用目的が育児と介護に限られているが、条件を撤廃できるかどうかの試験運用もすでに始めている。

　　三菱ふそうは業務に従事しなければならない「コア時間」のない完全フレックス勤務制度を導入するなど、勤務体系の改革を進めている。親会社の独ダイムラーは管理職の女性比率を20%まで高める目標を掲げている。三菱ふそうは目標の対象外だが、ダイムラーに合わせて女性が働きやすい環境を整えている。

（「在宅勤務制度全社員に拡大　三菱ふそう、自動車で異例」日本経済新聞
2014年2月10日夕刊1面）

　自動車メーカーが在宅勤務制度を拡大することについて書かれた記事である。まず第1段落の冒頭に、①いつ（1月から）②だれが（三菱ふそうトラック・バス）③何を（全社員が利用できる在宅勤務制度）④なぜ（試験的に運用し、社内で好評だったため）⑤どのように（販売や開発要員など全社員に広げた）――と5W1Hのうち5要素が盛り込まれており、ニュースの全容がつかめるようになっている。また、後に続く文では④⑤の要素について「条件を撤廃することも検討する」「働きやすい制度を整え定着を促す」という補足的説明を加えている。

　さらに第2段落では「自動車業界では珍しい取り組み」「日本のトラックメーカーとしては初めて」というニュースの意義付けや制度導入までの経過を説明し、引き続き第1段落の内容を補完している。第3段落では、このニュースには直接関係はないがデータとして、「女性が働きやすい環境を整えている」親会社を含む職場の現況について詳しく述べている。

　第2段落以降の情報は紙幅の関係で削除されたり、掲載しても読者に読まれなかったりする場合があるため、第1段落だけを読めばニュースの要点をつかめる書き方になっている。

新聞記事（報道文）の特徴
・最も重要なことから書き始め、後へ行くほど必要度の低い内容になる「逆三角形」の構造をもつ。

・冒頭部には5W1Hの要素が盛り込まれる。
・見出し、記事の冒頭部を読めばニュースの要点がつかめる。

5.1.2　記録文

　記録文とは、出来事や物事について見たり聞いたりしたとおり客観的に書き留め、後で参照・活用できるよう記録として残すために書かれた文章である。旅行中の体験、見聞、印象などを書きつづった「紀行」や、新聞・雑誌などに見られる現地からの報告である「ルポルタージュ」のことなどをいう。また、ビジネス文書といわれる業務日誌などの「報告文」、会議の「議事録」なども含まれる。ほかに、個人の生涯をほぼ年代順に書きしるした「伝記」もこれに入る。
　例文2は「福島第1原発ルポ　水との格闘廃炉の壁　冷却水タンク限界迫る」という見出しがついた新聞のルポルタージュ記事である。

例文2

（略）<u>大規模な事故から3度目の夏</u>。随所に惨事の爪痕は残り、<u>酷暑のなかで大量にあふれ出す水との格闘</u>が続いていた。

　強い日差しが原子炉の建屋やアメのように曲がった屋上の鉄筋に照りつけた。記者を乗せたバスが敷地に入ったのは午後2時ごろ。約1時間半、構内を巡った。

　現場は不気味なほど静まり返っていた。「<u>今は高温で日中の工事ができない</u>」と同行した東電の担当者は説明。気密性の高い防護服を着たままでは炎天下で活動できない。屋外での作業は少しでも涼しい夜間から午前の時間帯に限られる。

　バスが原子炉の脇に進むと「毎時200マイクロシーベルト」と東電の担当者が手元の線量計を読み上げた。密閉された車内で出た数字は人体に影響を及ぼす危険から遠い水準。ただ外は高線量でバスから降りることはできなかった。

　建屋の横では津波に流され、<u>さびた自動車が底部を見せて立っていた</u>。周辺は5月以降、地下水から高濃度の放射性物質の検出が相次ぐ一帯だ。（略）この場所で高濃度の汚染水が発覚したのは2011年4月。高い線量に阻まれて手の施しようがなくなり、対策は後手後手に回ってきた。（略）

　地下水を減らすため、山側の地下を凍らせて地下水の流れを止めたり、上

流で地下水をくみ上げ海に流したりする対応も決め手に欠ける。地下水の海洋放出には漁業協同組合の反発が根強い。
　使用済み燃料プールの状況が最も危ういとされる4号機のそばに着くと、上部が崩れ落ちた建屋を覆うように鉄骨を組み上げ、<u>工事中の巨大な建造物が現れた</u>。使用済み燃料を取り出すための施設で、鉄骨は東京タワーとほぼ同量の4000トン。高さは53メートルという。
　干上がれば放射性物質をまき散らす恐れのある危険物の搬出は廃炉の第一歩だ。使用済み燃料をクレーンでつり上げ、安全な別のプールに移す世界でもまれな作業は11月にも始まる。全工程が終わるのは早くて30～40年後。水の問題にメドをつけても難関は数多く待ち受ける。

(「福島第1原発ルポ」日本経済新聞2013年7月20日朝刊1面)

　東京電力福島第1原子力発電所を現地取材したルポルタージュで、現地を訪れた記者が集めた事実を客観的に報告している。冒頭の「大規模な事故から3度目の夏」という表現でまず読者を引き付け、「酷暑のなかで大量にあふれ出す水との格闘が続いていた」と現況を表しながら、記者の取材行動を含めた過程について時間を追う形で示している。
　取材で得た事実のほか、現地にいる人物の発言「今は高温で日中の工事ができない」を用い、適宜「さびた自動車が底部を見せて立っていた」「工事中の巨大な建造物が現れた」といった表現で、現地の光景をそのまま写し、臨場感を高めている。
　例文3は会議の議事録について示したものである。

―例文3―

2014年7月17日
作成者：小林

2014年度第5回人事課採用担当会議議事録

1　日時：2014年7月16日（水）10：00～11：00
2　場所：本社・小会議室
3　出席者（敬称略）：飯田、金子、山田、山本
　　欠席者：中本（出張のため）

```
4  議題：
   (1)「会社説明会」について
     ・2015 年 3 月に計 4 回開催。
     ・場所は東京、大阪（前年は東京のみ開催）。
     ・日時は調整中（担当・山田）。
     ・若手社員と直接対話できる形にする。
5  継続審議：若手社員の人選方法など。
6  報告・連絡・確認事項
   (1) 次回会議
   日時：2014 年 8 月 6 日（水）10：00 ～ 11：00
   場所：本社・中会議室
                                              以上
```

議事録ではまず、日付（作成日）、作成者、タイトル（会議の名称）、日時・場所・出席者・欠席者を記録する。次に会議の議題（テーマ）を書き、その下に決定事項（内容）を決まった順に箇条書きする。必要に応じて次回の会議の予定などを連絡事項として記入しておく。最後に「以上」または「了」と書く。

会議のすべてを記録するのではなく、ポイントを押さえ簡潔にまとめることが重要で、出席者以外が読んでもわかるようにしておく必要がある。

記録文の特徴
 ・情報の記録として残す文章である。
 ・出来事について主観を交えずに客観的に説明する。
 ・書き方は文書の種類によって異なり、様々な形式がある。

5.1.3　印象文

印象文とは、物事を見たり聞いたりしたときに感じたことを主観的に表現する文章である。読書感想文など、事実に対する自らの考え・感想を中心に述べる「感想文」や、日常生活について見たとおり感じたとおりに書く「生活文」のことをいう。生活文は小中学校の作文教育などで取り上げられる。

例文 4 は新聞記事の読後感想文である。

── 例文4 ──

セラピードッグについて
桐蔭学園中学校
猪間　錦太郎

　「セラピードッグ」とはなんとなく聞いた事はあるが、実際どの様なものかはわからない。犬を飼っている僕は、「ドッグ」という記事を目にすると、つい目で追う習慣がある。今回、セラピー犬、県内初という記事を目にして、いろいろ考えさせられた。
　この夏、神奈川県初のセラピードッグが、横浜市南区六ツ川の県立こども病院に常駐することになった。全国二例目であり、県内では初めてである。着任したセラピードッグのゴールデンレトリバー「ベイリー」は、オーストラリア生まれで、生後六カ月から一年半、米国ハワイの訓練施設で専門的なトレーニングを受けて静岡県立こども病院に勤務した国内初のセラピードッグである。この日の着任式では入院している子どもたちや保護者などが参加し、ベイリーは病院内を巡回すると、子どもたちに頭や背中を無遠慮になでられたりなどしていた。欧米では、癒やし効果などに期待し、セラピードッグによる治療効果を高める取り組みが進められている。ここでも闘病生活を続ける子どもたちのストレスや不安を解消し、治療に前向きに取り組んでもらえる効果に期待している。
　セラピードッグは、様々な障害を持つ人々に対し心や身体のリハビリテーションを目的として触れ合い、その人々が精神的情緒的安定や身体的な運動機能回復効果が得られることを目的としている犬であり、いろいろなところで、闘病生活を続けている子どもたちに少しでも元気になるようにこのセラピードッグにもっと日本に来てほしいと僕は思った。
　自分は愛犬を飼っており、疲れていたり、いらいらしていてストレスがたまっている時に愛犬と一緒にいたり触れたりなどすると自然に癒やされてきて、気分がよくなったりすることがある。こういう事から、僕は犬などの動物には、人を癒やすことの出来る力があるのではないかと思った。なので、セラピードッグは投薬とは違う、大きな効果をもたらす薬だと思った。
　この新聞の記事を読んで、セラピードッグがいろいろなところで認められて、広がっていき、病院だけでなく、学校などでもどんどん広がればいじめやけんかなどが減るのではないかと改めて思った。このいじめが問題とされ

> ている世の中で動物という存在はかなり大きいのではないかと思った。いい記事を読んでいろいろなことを考えられるようになり、動物をもっと大切にしようと思った。
>
> （2012 年かながわ新聞感想文中学 3 年生の部優秀賞作品）

　まず第 1 段落で「セラピードッグ」の記事を題材に取り上げた理由を「ドッグという記事を目で追う習慣がある」と端的に述べている。続く第 2 段落で「県初のセラピードッグが県立こども病院に常駐することになった」という記事の内容を紹介しながら、セラピードッグ導入の効果を示し、第 3 段落で「日本にもっと来てほしい」という感想をつづっている。第 4、第 5 段落は、愛犬に癒やされた自らの体験をもとに、動物との触れ合いが社会問題である「いじめ」の解消につながっていくのではないかとの考え・思いで結んでいる。

印象文の特徴
・体験した事実について感じられたことを主観的に述べる。
・自ら感じたことを記録するものであるが、他者に読ませる性格が強い。

5.1.4　説明文

　説明文とは、ある事柄について読み手が正確に理解できるよう分かりやすく説明する文章のことである。新聞・雑誌の解説記事、辞典の語釈、商品の取扱説明書、医薬品の効能書き、料理のレシピなどジャンルは多岐にわたる。読み手の知りたい情報を簡潔に伝えるため、客観的な記述が求められる。
　新聞の用語解説記事を例に見てみる。

例文 5

▶ビジネスホテル　結婚式場などの宴会場を持たないホテル。シティーホテルに比べて設備を絞っている。男性ビジネス客が出張でよく使うことから、高度経済成長期に「ビジネスホテル」の呼び名が定着した。国内に約 7000 軒あるとみられ、最近は直営レストランや大浴場を設け、家族客を取り込むホテルも増えている。観光利用増で料金は上昇傾向で、中小ホテルが加盟する全日本シティホテル連盟（東京・品川）によると、2013 年のシングル室の料金は平均で 6558 円と 12 年から 544 円上がった。

（「▶ビジネスホテル」日本経済新聞2014年2月11日朝刊企業2面）

ニュース記事に出てくるキーワード「ビジネスホテル」を抜き出し、独立した形で用語解説したものである。「宴会場を持たない」「設備を絞っている」特徴や、「ビジネス客が出張でよく使う」ことが呼び名の由来になったという情報など、ニュース記事では説明しきれない点について詳しく述べている。最近の「家族客を取り込む」傾向や、料金といった具体的データを盛り込むことによって、この語を知らない読者にも分かりやすく説き、辞書的な意味だけにとどまらない。

新聞には多分野の記事が日々掲載されるため、専門用語の使用が避けられず、読者の理解を助けるため、用語解説欄が増える傾向にある。

例文6は、料理のレシピ本にある「鶏のナッツ唐揚げ」の作り方である。

例文6

<u>糖質</u>　3.8g
<u>エネルギー</u>　352 kcal

<u>材料2人分</u>
鶏もも肉…200g
しょうゆ麹…大さじ2
（略）

<u>作り方</u>
1　鶏もも肉は皮付きのまま食べやすいようにひと口に切り、余分な脂肪はとっておく。
2　ボウルに1としょうゆ麹と溶き卵を加えて手でよくもみ込む。
3　ミックスナッツを細かく刻み、2にまぶしつけて170℃に熱した油で、こんがりと色づくまで揚げる。器に盛り、イタリアンパセリを添える。

（牧田善二監『糖質オフ ダイエットレシピ』）

料理名として「鶏のナッツ唐揚げ」と掲げられ、読者の興味対象である「糖質」「エネルギー」の情報がまず目に付くように上部に添えられている。次に「材料（2人分）」として何がどのくらい必要なのかがわかるよう、材料名と量を一覧でき

5.1 描写する文　87

るように列挙している。

「作り方」は手順ごとに番号が付けられ、材料名を挙げながら調理方法を簡潔な短文でまとめ説明している。読み手が容易にイメージできるよう、出来上がった料理の写真も載せている。

説明文の特徴
・ある情報について知らない人・詳しくない人に対し要点を整理し分かりやすく説明する。
・使用や操作のマニュアルなどは、理解しやすいよう手順を追っていく書き方になる。
・必要に応じ、図・表・写真などを使い読み手の理解の助けとすることがある。

5.2　訴 え る 文

5.2.1　主張文・意見文

　主張文・意見文とは、ある事実に対する自らの考えを論理的に説明し主張することを目的とした文章のことで、「評論」や「論説」などがこれに入る。社会の諸問題を取り上げ、優劣・善悪・好悪など筆者の見解を打ち出す「評論」は、主観的で批評的性格が強い。「論説」の代表的なものが新聞の社説で、政治や社会問題、国際情勢などについて建設的な意見や解決方法などを論じている。社説は書き手個人の主張ではなく、自社の見解を代表して述べたものである。

　例文7は野球評論家・豊田泰光氏の「偽装　最後は人間の生き方」と題した評論である。

例文7

　<u>食品の偽装問題</u>と、当たってもいない投球を当たったといって死球を得ようとするような野球の偽装問題には、共通するテーマがあるようだ。

　<u>バレなければ何をしてもいいのか、ルールで明示されていなければ何をしてもいいのか</u>。汚い手を使ってでももうけるのか、勝とうと思うのか。<u>最後は人間の生き方</u>、ということになってくる。

　死球か否か、飛球を完全に捕球したか落球したかといった点などを含めて、ビデオ判定を拡充しようという意見がある。偽装を防ぐためなら、私は反対だ。ビデオによる監視という、ある種強制的な手段によって人を善導するの

はどうも筋が違う。

　ルールやビデオ判定の縛りを受けずとも、やっていいこと、いけないことを自分で考えること、その判断力を養っていくところに、スポーツの意義があったはずだ。

　ゴルフが「紳士のスポーツ」といわれるのも、人に後ろ指を指されるような行いをしないということを個人個人の良心に委ねているからだ。

　たとえルールに定められていなくても、自制心を持って戦う。それが選手宣誓に出てくる「スポーツマンシップ」「正々堂々」の中身だろう。

　ルールを守るのは当然で、人間の品格が試されるのはそこから先の「書かれていないルール」にどう向き合うか、という部分だ。

　野球の投手でいうと、打者にぶつけても構わないから勝つために内角を突くという人がいる一方で、打者を傷つける恐れがある球は投げないという投手がいる。

　後者の代表格がレッドソックスの上原浩治。彼の投球には「人にぶつけてまで勝とうとは思わない」という潔さがある。ルールを守った、守れなかったというレベルでうろうろしている選手に、この種の気高さは出てこない。

　食品問題でホテルや飲食店の表示の法律を整備すべし、という意見があるが、考えものだ。ルールがあろうがあるまいが、誰に見られていようがいまいが、ちゃんとしたモノを出すというスポーツマンシップ的な精神こそ、ブランドの信用力の源だったはずではないか。

（「豊田泰光『チェンジアップ』日本経済新聞 2013 年 11 月 21 日朝刊スポーツ面）

　世間を騒がせた食品偽装を取り上げ、著者が専門とする野球を通した見方で、社会にはびこる問題点を批評している。「バレなければ何をしてもいいのか、ルールで明示されていなければ何をしてもいいのか」と読者に問いかけ、「最後は人間の生き方」だと断言する。「紳士のスポーツ」といわれるゴルフや、上原浩治投手の潔さを例示し、とにかく「売れればいい」「勝てばいい」といった風潮を論理的に批判している。ルールや他人の監視がなくとも、スポーツマン的精神を持った「人間の生き方」の重要性を一貫して主張している。

　例文 8 は「勝者に劣らぬ敗者への敬意」という見出しがついた新聞の社説である。

例文 8

　ソチ五輪がきょう 23 日（現地時間）、閉幕する。日本選手が獲得したメダルは 21 日までに金 1、銀 4、銅 3 の計 8。メダリストは 15 歳の中学生、平野歩夢選手がこれまでの最年少なら、41 歳、7 度目の五輪だった葛西紀明選手が最年長という多彩ぶりである。

　金メダルの羽生結弦選手ら、重圧に負けない 10 代の若者たちの演技が特に印象に残った。

　冬季五輪には夏の五輪とは違う特徴がある。優劣が素人には分かりにくい採点種目が多いこと。雪や氷の上だから転倒などの失敗がつきものなこと。ヨーイドンで一斉に始まらず選手が順番に登場する種目が多く、風向きなど刻々変わる天候の影響を受けやすいこと、などである。

　極度の緊張のなか、そうした難しさや運不運を克服して自分の持つ力を出し切り、求められる結果を得ることがいかに大変なことかを教えられた大会でもあった。メダルを期待され、失意のうちにいる選手もいるだろう。ただ、17 歳の高梨沙羅選手には 4 年後、そしてその先がある。浅田真央選手のフリーの演技は素晴らしかった。

　やはり敗れたスノーボードのスーパースター、ショーン・ホワイト選手（米）は「自分の日じゃなかった」と語ったという。そんな日は誰にもある。敗者への敬意が勝者に劣ることはない。

　今回の五輪では、競技の後、支えてくれた人々への感謝を多くの選手が口にした。それが大会を通じて日本選手がさわやかな後味を残した大きな理由だ。

　8 年前、トリノ五輪金の荒川静香さんが演技で使った曲「トゥーランドット」を演奏していた世界的なバイオリニスト、バネッサ・バナコーンさん（タイ）がスキー選手として出場し、最下位ながら完走したという話題もあった。

　五輪はどうしても自国選手の勝った負けたやメダルの数に目を奪われがちだが、心に刻みたい場面はいくらでもあった。6 年後には東京五輪である。スポーツを見る視線はいろいろあっていい。

（「勝者に劣らぬ敗者への敬意」日本経済新聞 2014 年 2 月 23 日朝刊社説）

　新聞記事ではあるが、冒頭部に結論が置かれる逆三角形の形の報道記事とは書き方が異なり、結論部分が最後にくる構成となる。まず具体事例を挙げ、問題点

を指摘しながら論点と主張を裏付ける根拠を述べ、結論に導く形となっている。

　書き出しで「ソチ五輪がきょう 23 日（現地時間）、閉幕する」という時事的な話題から入り、ジャンプの葛西紀明選手といったメダリストの具体名を挙げながら、日本人選手の活躍ぶりをメダル数とともに紹介している。次に「求められる結果を得ることがいかに大変なことかを教えられた大会でもあった」と五輪大会を総括し、金メダルを獲得できなかったものの、最後に素晴らしい演技を見せた浅田真央選手を挙げ、「敗者への敬意が勝者に劣ることはない」と主張。勝敗やメダル数が注目されがちな五輪ではあるが、2020 年に東京五輪を迎えるに当たり、結論として「スポーツを見る視線はいろいろあっていい」と結んでいる。

主張文・意見文の特徴
　・ある事実について自らの意見を明確に主張する。
　・論点と根拠を的確に述べる。
　・主張の正当性を証明するため、論旨を補足する客観的データなどを用いる。

5.2.2　論　文

　論文とは、あるテーマを設けて自らの意見や主張をまとめて書いた比較的長い文章である。学術的な研究水準の成果を盛り込んだ「学術論文」や、大学の「卒業論文」が代表的なものである。学校教育や入学試験などで課される 1000 字程度のものを「小論文」という。

　「学術論文」として認められるためには、次のような条件が必要となる。

1. 内容に十分な新規性があり、独創的な知見を含むこと。
2. その重要性から当該分野に相当の影響を与える可能性があること。
3. 論証過程が明快で、論理に客観性があること。
4. 先行研究を適切に参照していること。
5. 資料・データの量が必要十分であり、適正に取り扱われていること。
6. 用語・表現が適切で第三者にもわかりやすいこと。

（『日本語の研究』投稿規定「採用・不採用の決定」
　　　　　　　　　http://www.jpling.gr.jp/kikansi/n_tokokitei/#kettei より）

　特にこれは学術誌に掲載するにふさわしいかどうかを学会の編集委員会で審査する事例であり、厳格な基準が設けられている。これに加えて、学問領域によっ

ては個人情報の扱いなどに倫理的配慮が求められる場合がある。

「小論文」では上記のすべてを満たす必要はないが、3、6の条件は整える必要がある。

学術論文は、上記のような条件に従って記述するが、多く次のような構成（ただし論旨展開の細部はこれに限らない）をとる。

1. 導入（先行説の批判、仮説の提示）
2. 方法（方法論、調査手順の提示）
3. 証拠の提示（データ、資料）
4. 結論

まず、1. 導入では、先行研究の紹介・要約を行い、これを批判して、仮説あるいは問題の所在を提示する。学術論文は、内容上、新規性が求められ、独創的な知見を提示することが目的であるから、これまで研究がどこまで進んでいて、何がまだ解明されていないか、何が問題として残されているかを最初に示す必要がある。自身の問題意識の所在を確認するとともに、先行説の達成と限界とを述べるのである。論文では、他人の研究成果・主張と自身のそれとを厳密に区別することが必要とされる。

例文 9

鎌倉時代は、言文二途に分かれるという重要な時期であると説かれ、さまざまな角度から考究されており、それなりの研究の蓄積がなされてはいるが、今なおその記述の方法も含めて未解決の問題が山積している。

当代言語に関する研究の初期の成果としては、山田（1914）がよく知られており、その後の鎌倉時代語研究の一大指針となったが、これを承けて、小林（1971）があり、（以下略）

（山本真吾「鎌倉時代口語の認定に関する一考察」）

導入では、まず、例文 9 のように研究史を簡潔に述べ、紹介する。これをうけて当該論文で明らかにしようとする点、その問題の所在を提示してゆく。

2. 方法では、この問題を明らかにするためにどういった方法を採用するかということを述べる必要がある。何かを調べる場合にも、どういった方法の下にどういった作業手順で行うかを具体的に示すことが求められる。論文は、客観性を

担保する上で、他の研究者によって同じ作業手順で調査を行った場合に同じ結果が得られるかどうかの追試を行えるようにすることが必要であり、論者が採った方法を正確に示しておかなければならない。

例文 10

　新聞語辞典の漢語を分析するために、混種語の造語成分となった字音形態素も対象とする。

　ここでは、新聞語辞典の見出し語で、最終結合形を漢語と判定した語はもちろんのこと、混種語と判定した見出し語を β 単位によって切り出し、その中から字音形態素を抽出してみることとする。β 単位はすでに国立国語研究所で行われた各種の語彙調査で用いられた尺度である。ここでは『総合雑誌の用語』で示された操作手順を基本としながらも、新聞語辞典の実情に即して、見出し語の語種別判定で立てた個別の基準（→本稿3章1節参照）のほかに β 単位を以下のような方針で修正した。

　混種語の造語成分から字音形態素を抽出するのであるから、和語＋外来語のパターンはもとより除外されることになるが、和語＋漢語による混種語も $1\beta 2$ 単位だけで見出し語に立つ場合は考察から除くこととする（例：面割り　円安）。

（木村義之「新語辞典と漢語」）

　この例文10では、従来の基準によりながらこれに修正を加えて判定する方法を提示しているが、何をどのように操作したかを明示しており、次に研究者が追試して同じ結果が得られるかどうかの査定にも堪えられるようにしている。

3. 証拠の提示についてであるが、論文は、論と証拠をきちんと組み合わせて結論に至る、その論証過程を記述する文章である。したがって、証拠を正確に過不足なく、かつ整理して適切に挙げることが大切である。

例文 11

　ヘボンが「原稿」作成時に『幼学新書』を参看・活用したと考える論拠を、引き写しの誤り、見出し語・語義など、漢字表記の三点から具体的に指摘することとする。

　引き写しの誤り

> 「原稿」を『幼学新書』と照合したところ、「原稿」が漢字表記などを誤って引き写したと思われる部分が、四箇所見出される。まず、それぞれの該当箇所を矢印で示す。
> （以下に、証拠となるデータを提示する）
>
> 　　　　　　　　　　　　（木村一「『和英語林集成』「原稿」が依拠した一書」）

　この例は、内容別に整理して順次証拠を掲げており、結論に向かって具体的に説得してゆく手法に注目したい。

　最後に、4. 結論は、これまでの論証過程を踏まえて、論文としての主張を正確に述べることが大切である。

　なお、論文の末尾など（あるいは脚注）には、通例、次のような参考文献・引用文献を示すことが求められる。

例文 12

参考文献
小川栄一（2008）『延慶本平家物語の日本語史的研究』勉誠社
築島裕（1974）「鎌倉時代の言語体系について」『国語と国文学』51(4)

　以上のことを踏まえて、論文の文章としての特徴は以下の2点を挙げることができる。

論文の特徴
・結論に至る論証過程を記述し、論理に客観性がある。
・証拠としての資料・データが適切に扱われている。

5.2.3　宣伝文・広告文

　宣伝文・広告文とは、新聞・雑誌・テレビ・インターネットなどの媒体において、多くの人々に対し商品やサービス、企業イメージを浸透させたり向上させたりする効果を狙った文章である。読み手の注意を引く文字や文句（キャッチフレーズ・キャッチコピー）を使い、興味を持たせ、購買意欲や支持を高める役割がある。視聴覚に繰り返し訴えることもあり、その中から流行語が生まれることも多い。

例文 13

(1) カステラ一番、電話は二番、三時のおやつは文明堂 （文明堂東京）

(2) セブンイレブン、いい気分 （セブン-イレブン・ジャパン）

(3) <u>おいしいが</u>楽しくなる （大正製薬）

(4) 一番はじめの<u>うまい</u>を引き出す （キリンビール）

　カステラのコマーシャルソングの歌詞である（1）は 1950 年代から続く広く知られた宣伝文句である。5 匹の子熊の人形が演奏と歌に乗ってフレンチカンカン風のダンスをする映像とともに、視聴者に強烈な印象を残している。巧みに社名を組み込んだコンビニエンスストアの（2）は七五調で覚えやすい。胃腸薬の宣伝に使われた（3）は、「おいしいが」の「が」の前は名詞の「おいしさ」がくる形が一般的だが、活用形の終止形を使っている。1990 年代終わりごろから特に広告で目立ち始めた表現で、消費者や顧客の満足を保証する効果があるとされ、「終止形準体法」と呼ばれる（島田 2013）。生ビールの宣伝の（4）も同様に「うまさ」ではなく「うまい」と表現する終止形準体法の形をとっている。

宣伝文・広告文の特徴
・簡潔で要領を得た文句で趣旨を伝える。
・七五調を使うなどリズミカルで覚えやすい。
・時代感覚に合った、消費者などの共感を得るような表現である。

5.2.4　手紙文

　手紙文とは、用件や自らの思いを書簡で伝えるための文章であり、用途により挨拶文、慶弔文、見舞い状、招待状、推薦文、依頼文、催促状などがある。相手や内容により書式は異なるが、基本として①前文（頭語、時候の挨拶、安否の挨拶など）②主文（起辞、本文）③末文（結びの挨拶、結語）④後付（日付、署名、宛名、敬称、脇付）⑤副文（追伸など）――の 5 要素から成り立つ。ただし、副文は相手が目上の場合は避けるべきで、親しい相手のみに使うのが一般的である。
　例文 14 は社会人が大学時代の恩師に宛てた手紙である。

例文 14

拝啓　ようやく春めいてまいりましたが、その後皆様には、お変わりなくお

過ごしのことと存じます。私も就職して五年が経過し、日々職務に励んでおります。大学在学中は先生にはひとかたならぬお世話になりながら、ご無沙汰に過ぎ、申し訳ございません。
　さて、このたび私は社内の海外留学制度で一年間、ニューヨークへ派遣されることになりました。つきましては、この機会を有意義なものとするよう、先生がかつて留学された時のご経験をいろいろとお伺いしたいと存じます。近日中に一度おじゃまいたしたく存じますが、ご都合はいかがでしょうか。
　右略儀ながら、書中をもってお願い申し上げます。

敬具

　　　三月三日

山本康一

飯田康雄先生

（原文は縦書き）

　頭語と結語とは密接な関係があり「拝啓―敬具」など組み合わせの決まりがある。コミュニケーションを円滑にするため初めに時候の挨拶をし、相手の安否を尋ね、次に自分の安否を述べる。
　主文の書き出しでは、起辞「さて」で話題転換しスムーズに本題に入り用件を伝え、結びの挨拶につなげている。例文にはないが、副文は主文に書き忘れたことを書き加えるものなので、必要な場合は宛名の後に簡潔に書く。

手紙文の特徴
・前文―主文―末文―後付―副文という定型で構成される。
・目的や相手により定型の一部を省略したり、変化させたりして書かれることがある。

5.2.5　標　語
　標語とは、すべきこと、守るべきことなど日常活動で指針とする事柄を簡潔に示した短い語句のことをいう。特定の団体など組織の主義・主張・運動方針を浸透させるために使われることが多い。「注意一秒、怪我一生」などがよく知られている。政党や内閣が掲げるスローガンなどもこれに入る。

例文 15

のんだら　のるな　のむなら　のるな　　（交通安全スローガン 1966 年使用・入選）
上を向く　力をくれた　記事がある　　　　　（新聞週間標語 2011 年度代表標語）

　交通安全スローガン（全日本交通安全協会）や新聞週間標語（日本新聞協会）など各種団体が一般から募集する標語は数多く、なじみ深い。「のんだら　のるな　のむなら　のるな」のような語呂合わせや、「とび出すな　車は急に止まれない」（交通安全スローガン 1967 年使用・内閣総理大臣賞）のように俳句の五七五型をしたものが多く見られる。覚えやすく、記憶に残りやすいように工夫した表現になっている。

標語の特徴
　・主義・主張を短い語句で簡潔に言い表す。
　・広く浸透するよう五七五調をとるなど覚えやすい形のものが多い。

〔小林　肇〕

【例文の文献案内】
例文 1：「在宅勤務制度全社員に拡大　三菱ふそう、自動車で異例」日本経済新聞 2014 年 2 月 10 日夕刊 1 面。
例文 2：「福島第 1 原発ルポ」日本経済新聞 2014 年 2 月 10 日朝刊 1 面。
例文 4：猪間錦太郎（桐蔭学園中学校）「セラピードッグについて」2012 年かながわ新聞感想文中学 3 年生の部優秀賞作品。
例文 5：「▶ビジネスホテル」日本経済新聞 2014 年 2 月 11 日朝刊企業 2 面。
例文 6：牧田善二監修『糖質オフダイエットレシピ』宝島社、2013。
例文 7：豊田泰光「チェンジアップ」日本経済新聞 2013 年 11 月 21 日朝刊スポーツ面。
例文 8：「勝者に劣らぬ敗者への敬意」日本経済新聞 2014 年 2 月 23 日朝刊社説。
例文 9：山本真吾「鎌倉時代の口語認定に関する一考察」『話し言葉と書き言葉の接点』ひつじ書房、2014。
例文 10：木村義之「新語辞典と漢語」『現代日本漢語の探求』東京堂出版、2013。
例文 11：木村一「『和英語林集成』「原稿」が依拠した一書」『日本語の研究』1-2、2005。

第6章　文章の種類（2）　文芸的な文

6.1　散　文　作　品

6.1.1　随　筆

　随筆とは、筆者が自らの経験や見聞、またそれに伴っての感想等が自由に、即興的にまとめられた文章である。したがって、扱われている内容も当然多岐にわたり、日常生活のなかでの些末な事象から人生や社会問題等といった大きなテーマを含む場合もある。筆者の執筆姿勢は、好奇心や経験、知識の蓄積によって対象を捉えるところに基盤をおくため、個別的なものであって、必ずしも普遍性が必要とされるわけではない。そこから既存の見方や概念をも覆すような新鮮味を帯びた知見が表されることになり、筆者の人間性を垣間見ることにも繋がる。

　このような成立の特性を持つため、構成や表現方法がある一定の形式に規定されることはない。

例文 1

　<u>友人たちと酒を飲んでいる時</u>、
「死は間近にせまった時、この世の名残りに最後に食べたいものはなにか」
と、一人が言った。かれは、酒の席で突飛なことを発言する。
　<u>互いに高齢の域に達した者同士</u>であるので、こんな提言も空気が白けるどころか座がにぎわう。
　友人たちは面白がって最上等の鮪(まぐろ)のトロの鮨とかさまざまな食物を口にしたが、私も答えを求められて、アイスクリームと答えた。恐らく食欲は衰えていて固形物は消化器が受け入れぬだろうが、アイスクリームなら咽喉が越えてくれそうに思える。
　<u>幼い時</u>、列車に乗って母親から買ってもらったアイスクリームを口にするのが楽しみであった。それは経木でつくられた平たい小さな箱に入れられていて、表には氷雪におおわれたヒマラヤの山岳の絵が印刷された紙がのせら

＊1　各例文の出典については章末に提示するので参照されたい。

れていた。

　<u>成人してからも</u>アイスクリームはよく口にし、今でも喫茶店でコーヒーを飲む折、しばしばアイスクリームを注文して、店の人に少々いぶかしがられている。

　考えてみるに、これを最初につくった人は余程の知恵者であり、初めて口にした人は驚いたにちがいない。

　<u>石井研堂著の</u>『明治事物起原』によると、日本人で初めてそれを口にしたのは、万延元年（一八六〇）にアメリカに派遣された人々で、その記録には「味は至つて甘く、口中に入るに忽ち解けて、誠に美味なり。是をアイスクリンといふ」と、ある。

　やがてアイスクリームは、製法が日本にも伝えられてつくられるようになり、明治六年、北海道に行幸した明治天皇にアイスクリームを差上げたという記事が、<u>報知新聞</u>にみられる。天皇がどのような感想をおもちになったかは記されていない。

　明治十一年六月に東京で新富座が新築開業した時に、来賓にアイスクリームを出したことが<u>有喜世新聞</u>という新聞にのっている。アイスクリームのことが記事になっているのだから、当時、よほど珍しかったものなのだろう。

　その頃、高利貸しのことをアイスクリームと称していたという。高利貸し——氷菓子つまりアイスクリームというわけで、なんとなくしゃれていて面白い。甘い言葉で誘うが実は冷たいものだというのか。

　<u>ともかくアイスクリームは、私の好みに合う。</u>

（吉村昭『アイスクリーム』）

　筆者の取り上げた記述対象はアイスクリームで、それにまつわる考えが記されている。まず、筆者の経験した出来事が冒頭に置かれ、さらに種々の素材を用いながら考えられた事柄が記されている。ここでは、時間、空間の変化が基軸となって叙述されていることに注目する。まず導入となる「友人たちと酒を飲んでいる時」に出た話題（人生最後に食するもの）について、筆者はアイスクリームを選んだことが述べられ、この時筆者も含めその場にいた人たちが「互いに高齢の域に達した者同士」であったという当時の状況も添えられている。その後の文章の展開を見てみると、筆者は「幼い時」、「成人してからも」と幼少期の時点に立ち戻って、自己の経験を書き、さらに時代は遡ってアイスクリームに関わる石井

研堂の『明治事物起原』における説明や、あるいは「報知新聞」、「有喜世新聞」といった新聞記事に見られるエピソードを紹介していく。自己の周囲という狭い範囲から書物・新聞の記述を通して、個人的な体験は時間的な、また空間的広がりを持ち、また内容もアイスクリームが大衆に受容されていく経緯を簡単ながらも知らせている。そして結びでは、「ともかくアイスクリームは、私の好みに合う」として自己の考えを示す。

こうした展開をとることで、読者は筆者の知見は個人的な範疇に留まらず、読者も共有可能なものへと転化されていくという流れである。

次の例文は、自己の体験をもとに読者への呼びかけの形をとったものである。

例文2

一日は、どうして二十四時間しかないのだろう。

人間は誰でも一度や二度はこう考えるものでしょうが、私も<u>二十代</u>には、かなり真剣にこう考えたものです。」（略）

今から考えると、なぜあんなに焦(じ)れていたのかと思います。あの頃の私は、いつも腕時計を気にしていました。

十分、二十分のバスの中の時間を惜しみ、文庫本をバッグに入れては読みふけりました。

待ち合せの時間に相手が遅れると、時間を無駄にしたように思えて、女の子にしてはきつい言葉でその人をなじりました。

若かったんだなと思います。

（向田邦子『時計なんか恐くない』）

時間についてを話題とする文章である。まず、筆者が若い頃（「二十代」）における時間についての思いが書かれ、その後の時間に関わる他者への接し方をも示して、当時いかに時間を惜しんでいたかを回想し始める。これは、その後も継続し、その程度がさらに高じていくさまが詳述され展開していく。

例文3

<u>二十代</u>の私は、時計の奴隷でした。

カレンダーにおびえていました。

一日は二十四時間。

一ヵ月は三十日。

一年は十二ヵ月。
　時と月日の単位が、いつも私をおどかしていました。
　この一瞬は、二度とは再び訪れないのだぞ。(略)
　「お金のため」が先にあって、「いいものを書きたい」という欲はあとになり、それでもなんとか二十年近い年月を、この職ですごしてきたことになります。
　この頃になって、格別の才能も欲もなかった私が、物を書いてどうにかして暮してゆける原点――もとのところはなんだろうと考えてみますと、この二十代のあの地団駄にあるのではないかと思うのです。

(向田邦子『時計なんか恐くない』)

　記述は「二十代」であった「私」のその後を書き進めることから、しだいに「この頃」の「私」への記述へと展開していて、それには「二十年近い年月」「この二十代の」の間に経験したことが原点となっているとされる。

例文4

　一時間単位、二時間単位で時間を使ったといっても、それはせいぜい、時計を有効に使ったということにすぎません。
　人間は、時計を発明した瞬間から、能率的にはなりましたが、同時に「時計の奴隷」になり下がったようにも思います。
　時計は、絶対ではありません。
　人間のつくったかりそめの約束です。
　もっと大きな、「人生」「一生」という目に見えない大時計で、自分だけの時を計ってもいいのではないでしょうか。
　若い時の、「ああ、今日一日、無駄にしてしまった」という絶望は、人生の大時計で計れば、ほんの一秒ほどの、素敵な時間です。
　恐れと、むなしさを知らず、得意になって生きるより、それはずっとすばらしいことに思います。
　どんな毎日にも、行きている限り「無駄」はないと思います。「焦り」「後悔」も、人間の貴重な栄養です。いつの日かそれが、「無駄」にはならず「こやし」になる日が、「あか」にならず「こく」になる日が、必ずあると思います。真剣に暮してさえいれば――です。

(向田邦子『時計なんか恐くない』)

　自身の経験を書き連ねてきて、そこから人間と時計、人間と時間との関係へと筆者の視点は移る。時計という便利な道具を手にしたことによって、人間は「能率的」に行動できるようになったが、逆にそれに絡めとられることになった、結果として「「時計の奴隷」になり下がった」として、人間全般の問題へと視野は広げられている。さらにタイトルにあった「時計」、物としての時計は、「人生」や「一生」という人間が所有する限界のある時間そのものをも示すと見なされ、そこから時間に束縛されない考え方の大切さ、生き方が読者に向かって提唱されることとなる。個人的な経験に端緒をおき、それが文明論としての意味内容を持つ側面を示す例である。

随筆の特徴
- 筆者が自由に題材を選択し、率直に自己の感想を記述していくことで、それぞれの個性が活きる文章となる。
- 自己に照らしていくことが、必然的に時間、空間の変化、推移をたどりながら記述される方法を生み、作為的ではなく、自然に文章が展開していく流れとなる。
- 個人的な、特殊な話題から全体的な、他者とも共有可能な問題まで扱うことが可能である。

6.1.2　日　記

　日記とは、形式としては一日に起こった出来事や感想を日付ごとにまとめて記したものである。記録の仕方は書き手によって異なり、定型があるわけではなく、それによって個人の性格が浮彫になるともいえる。生活記録であり、それをもとに自省が促されたり、後の時点での回想、確認に資するところも大きい。

例文5

　三月九日、天気快晴、夜半空襲あり、翌暁四時わが偏奇館焼亡す、（略）君の家も類焼を免れまじと言ふ中、わが門前の田島氏そのとなりの植木屋もつづいて来り先生のところへ火がうつりし故もう駄目だと思ひ各その住家を捨て、逃来りし由を告ぐ、余は五六歩横町に進入りしが洋人の家の樫の木と

> 余が庭の椎の大木炎々として燃上り<u>黒烟風に渦巻き吹つけ来るに辟易し、近づきて家屋の焼け倒るゝを見定ること能はず</u>、唯火焔の更に一段烈しく空に上るを見たるのみ、是偏奇館楼上<u>少からぬ蔵書の一時に燃るがためと知られたり</u>、（略）
>
> （永井荷風『断腸亭日乗』）

　永井荷風の日記である『断腸亭日乗』のなかで、当時麻布に住んでいた荷風の住居、偏奇館が空襲で全焼した日の日記である。この部分の前には、外出から自宅に戻ってきてみると、周囲は既に火の海であまりの火勢に行く手を遮られた模様も記録されている。「わが門前の田島氏そのとなりの植木屋もつゞいて来り先生のところへ火がうつりし故もう駄目だと思ひ各その住家を捨てゝ逃来りし由を告ぐ」とあるように、隣人達と出会い、状況を知らされた時の周囲の混乱と騒然とした様子が生々しく記録されている。自宅の焼失によって精神的な痛手を蒙ったと推察できるが、その模様を「黒烟風に渦巻き吹つけ来るに辟易し、近づきて家屋の焼け倒るゝを見定ること能はず」と記し、「少からぬ蔵書の一時に燃るがためと知られたり」と蔵書のために一瞬にして火に包まれたことと蔵書を失った事実とが整然と書き留められている。

―― 例文 **6** ――

> 十月十日（金）
> <u>朝、気分良し。熱、六度五分（九時）</u>。午後二時、七度二分。
> レントゲンをかける。結果は水曜との事。
> 今日も夜までベッド。「世界」などを散読する。夜、<u>ロマから晩餐(ばんさん)の招待を受けたので彼女の家に行く。ジャン・ルイも来る。ポーランド料理という、肉ときゃべつをつきまぜたものをたべさせられた</u>。あとでダンスしようとラジオを廻したが生憎(あいにく)よきジャズもタンゴもない。十時半、去る。
> 　かえりに、普通車と急行をまちがえて、巴里郊外の片田舎までつれていかれ、<u>全く閉口した</u>。そのため<u>帰宅は零時半</u>になった。
>
> （遠藤周作『渡仏日記』）

　遠藤周作のフランス留学時代の日記である。遠藤はここでの記述でわかるように、体調を崩しており病院を受診している。逐一残さずとまではいかないが、日

記本来の特徴である記録の体裁は整っている。十月十日という一日の行動（起床ののち病院へ、レントゲン検査受診、夕食は友人（ロマ）宅を訪問、別の友人（ジャン・ルイ）も合流、体調（「朝、気分良し。熱、六度五分（九時）。午後二時、七度二分。」という体温測定の結果が併記されている）、食事の内容とその感想（「ポーランド料理という、肉ときゃべつをつきまぜたものをたべさせられた」）、帰宅時間（「零時半」）が遅くなった理由、そして自分の心持ちも添えられており、体調不良も関係してか備忘録としての要素も備えている。

日記の特徴
- 日々の生活を記録したもので、出来事だけでなく、その時々における自己の心情を記録し、自省や回顧の基となる。
- 形式は多種多様である。

6.1.3　物語・小説

日本文学においては、散文体の文学全体、主に古代の史書、中古の物語、中世の草子、近世の読本、近現代の小説を指す。伝承的な要素を伴うもの、作家によって構築された虚構ゆえに、作家固有の問題意識に基づいて構想されるものを含む。それらは登場人物に託された思想、行動、言動、心理等や、場所、時代の選定によって表現される。長さに応じて長編、短編があり、また扱われているテーマや文学思潮、文体によって特質を表現してさまざまに称されるので、一義的なものではない。ここでは、近現代の小説について扱う。

例文5は芥川龍之介の短編小説である。良平という少年が、鉄道敷設工事に際して工事関係者が使用していたトロッコに関心を持ち、ある日、興味の赴くままそれに乗って自宅から遠く離れた場所に出かけていく。その間、トロッコは山坂を登り降りし、その速度に呼応するように周囲の視界もめまぐるしく変化する。視界を遮る木々の間をぬっていくと、見慣れた景色は遠のいていくばかりか遙か遠い所にやってきていて、さらに、それまで同道してくれた土工達とは彼らの仕事の都合で別れて帰ることになり、不安に怯え、焦燥感に駆られながらようやく帰宅すると大泣きしてしまう。後年大人になってからの良平が、その時のことを現在と比べて思い出す、という話である。ここでは語り手の存在について検討する。

―― 例文7 ――
　小田原熱海間に、軽便鉄道敷設の工事が始まつたのは、良平の八つの年だつた。良平は毎日村外れへ、その工事を見物に行つた。（略）
　或夕方、――それは二月の初旬だつた。良平は二つ下の弟や、弟と同じ年の隣の子供と、トロッコの置いてある村外れへ行つた。（略）「さあ、乗らう！」彼等は一度に手をはなすと、トロッコの上に飛び乗つた。（略）「この野郎！誰に断つてトロに触つた？」（略）――それぎり良平は使の帰りに、人気のない工事場のトロッコを見ても、二度と乗つて見ようと思つた事はない。唯その時の土工の姿は、今でも良平の頭の何処かに、はつきりとした記憶を残してゐる。薄明りの中に仄めいた、小さい黄色い麦藁帽、――しかしその記憶さえも、年毎に色彩は薄れるらしい。
　　　　　　　　　　　　　　　　　　　　　　（芥川龍之介『トロッコ』）

　語り手によって良平の八歳時の体験が語られる。語り手によって「良平」という三人称で呼ばれることで語り手と良平は別置されていることがわかる。前半は、良平がトロッコという道具自体を知り、それに触れることになる経緯が語られるが、一見すると語り手が良平と同一人物であるかのように読める。つまり語り手は良平であって、彼自身の心の動きが本人によって語られていると読める。しかし、語り手は最初に述べたような呼称の点から、またここでは大人になってからの良平を俯瞰してみようとする存在として機能している。「――しかしその記憶さえも、年ごとに色彩は薄れるらしい。」とは、「――」が記号として、その後に説明的な記述が付されるものであることからも、良平の記憶の曖昧さを傍観する者がいることを示している。
　さらに小説の最終部では、この体験の意味づけが為される。

―― 例文8 ――
　良平は二十六の年、妻子と一しょに東京へ出て来た。今では或雑誌社の二階に、校正の朱筆を握ってゐる。が、彼はどうかすると、全然何の理由もないのに、その時の彼を思い出す事がある。全然何の理由もないのに？ ――塵労に疲れた彼の前には今でもやはりその時のやうに、薄暗い藪や坂のある路が、細細と一すじ断続してゐる。…………
　　　　　　　　　　　　　　　　　　　　　　（芥川龍之介『トロッコ』）

6.1 散　文　作　品　　105

ここでも「――」が使用されているが、その直前「全然何の理由もないのに？」という問いかけは、そのさらに前におかれた「全然何の理由もないのに、その時の彼を思い出す事がある。」への疑問のあらわれであり、理由がないわけではないことを示している。これは良平が自覚しているのではない。語り手がここで再度登場し、良平の現在について、実は幼少期のトロッコによる小さな旅で経験した不安感は一過性のものではないことを説明する流れへと続く。現在の境遇、心理に照らしてみると彼は「塵労に疲れ」ているのであり、帰宅時に走った坂道や視界を遮る藪は人生という道を歩み行くうえでの困難を暗示的に示すものである。

　小説の語り手が作中に登場することは稀であるが、このような手法をとることで作品内で語ろうとした作者の思想を示す役割を果たす。

　例文9は川端康成の『掌の小説』中の一篇である。

例文9

　　前方の土手の裾(すそ)に、可愛(かわい)らしい五色の提燈(ちょうちん)の灯(ひ)の一団が寂しい田舎の稲荷祭(いなりまつり)のように揺れていたからである。近づかなくとも、子供達が土手の叢の虫(と)を捕っているのだと分る。提燈の灯は二十ばかり。そして提燈の一つ一つが紅桃色藍緑紫黄などの灯をともしているばかりでなく、一つの光が五色の光をともしているのである。（略）小さい紙箱の表と裏を切り抜いて紙を貼り底に蠟燭(ろうそく)を立て頭に紐(ひも)をつけた。（略）そして智慧のある小さい美術家達は紙箱のところどころに円く三角に菱形(ひしがた)に木の葉形に切り抜き、小さい明り窓(いろど)を一つずつ違った色に彩り、更に円や菱形や紅や緑をつかって一つの纏(まと)まった装飾模様とした。紅提燈を買った子供も店で買える趣きのない提燈を棄(す)て、自作の提燈を持つ子供も単純な意匠の提燈を棄て、昨夜携えた光の模様は翌日もう不満足で、昼は紙箱と紙と絵筆と鋏(はさみ)と小刀と糊(のり)を前に日々新しい提燈を一心に創(つく)り、我が提燈よ！　最も珍しく美しかれ！　と夜の虫取りに出かけるのであろう。そうして私の目の前の二十人の子供と美しい提燈とになったのではあるまいか。

　　　　　　　　　　　　　　　　　　（川端康成『バッタと鈴虫』）

　主人公が、ある晩眼にした夜間に行われている虫取りの風景をもとに想像された一場面を描写した箇所である。「可愛らしい五色の提燈の灯の一団」、「提燈の灯は二十ばかり。」、「提燈の一つ一つが紅桃色藍緑紫黄などの灯をともしている

ばかりでなく、一つの光が五色の光をともしているのである。」とあるように、多彩な色彩と明暗を表わす表現を連ねることで、子供達の手になる趣向をこらした提燈の数々は、既にそれが夜という時間帯であることからして明暗のコントラストを生み出す道具として有効なものとなっているが、さらに数種の色紙が貼り付けられていることで色味のついた明かりという華やかさを帯びる。「光の模様」は提燈そのものの１つ１つの模様としてだけでなく、子供の個性の輝き、個性の表出とにとらえられ、「智慧のある小さい美術家達」である彼らの才能への賞賛を示そうとする作者の姿勢をも浮かび上がらせることに役立っている。

　また、この後に続く会話の利用も人物の内面描写において、地の文以上の効果を持つ。

例文 10

「誰かバッタ欲しい者いないか。バッタ！」と、一人だけほかの子供から四五間離れたところで草を覗(のぞ)いていた男の子が伸び上がると突然言った。
「おくれ！　おくれ！」(略)
「あら！　鈴虫だわ。バッタじゃなくってよ。」と、女の子は褐色(かっしょく)の小さい虫を見て眼を輝かせた。(略)
「鈴虫よ。鈴虫よ。」
女の子は明るい智慧の眼をちらと虫をくれた男の子に注いでから腰につるしている小さい虫籠(むしかご)を外してその中に虫を放した。
「鈴虫よ。」

（川端康成『バッタと鈴虫』）

　この呼びかけと応答は、少し表現は異なりつつも反復を基本として、３回繰り返される。バッタを欲しい者を募って声をあげる少年は、実は鈴虫を捕まえていて、バッタを欲しいという他の少年達に対応しようとしない。見つけた鈴虫は、同じく虫取りに参加していた少女にあげようと決めていて、その子の応答を待つための繰り返しだったのである。ここでは、そうした事情が一切書かれず、少年達があげる声と、鈴虫を手にすることになった少女の「あら！鈴虫だわ。バッタじゃなくってよ。」、「鈴虫よ。鈴虫よ。」、「鈴虫よ。」の繰り返しが交互に続く。

　こうした単純な会話表現は、状況や登場人物の心情を説明する文章に依らずとも、十分に心理を描くことができることを示している。

小説の特徴
- 文字で書かれた小説においても、語り手の存在によって、内容が読者にむかって語られるという物語としての原型が成立し、かつその作者の思想が明確に表示される役割を担っている。
- 会話、色彩を示す語の多用と、明暗の対比といった工夫は、作者の自由にまかされており、現実感と視覚に訴える効果をもたらすとともに、小説の虚構性が現実に緊迫した、相似形のものであることを示すことになっている。

6.1.4　戯　曲

　戯曲とは、上演することを目的・前提として創作された演劇の脚本、台本である。登場人物の思想や行動に対立や葛藤の要素が込められることで展開するものが多いが、それがすべてではない。演劇は演者の肉体を通して表現されるものであり、脚本、台本は演者を支えるものとしての性格をもち、文学としては台詞やト書きによって作者の創作意図や創意工夫を看取することができる。

　例文11に挙げた岸田国士『屋上庭園』をもとに、構成上の特徴を検討する。2組の夫婦が登場し、夫達は学生時代からの友人で、偶然デパートの屋上庭園で再会する。並木は妻が望む袋帯を買ってやることもできず、いったんは友人の三輪に借金を申し込むが、やはり自尊心から断る。並木の妻は、夫と三輪との間の事情（両者が学校卒業後に、大きく立場、境遇が異なってしまったこと）を察知し、世間との折り合いを付けて生きていくことを夫に諭して終わる。

例文11

人物	並木
	その妻
	三輪
	その妻
所	或るデパアトメントストアの屋上庭園
時	九月半ばの午後

二組の夫婦が一団になって、雑談を交してゐる。一方は裕福な紳士令夫人タイプ、一方は貧弱なサラリイマン夫婦を代表する男女である。
男同士は極めて親しげな様子を見せてゐるに拘はらず、女同志は互に打解け

難い気持を強ひて笑顔に包んでゐるという風が見える。(岸田国士『屋上庭園』)

　一幕物で、最初に登場人物、場所、時が示され、彼らの職業や関係について説明されている。これらは役柄を示し、場面を理解することに必要不可欠な情報が示されている部分である。その後に続く4行分ではさらに詳しく登場人物相互の関係性や心情が説明されている。

　ト書きとしては、この後演者の視線の行方、しぐさ、台詞の間、場面上での人物の出入りなどに触れている。これらは劇の展開と密接な関係にあり、台詞のみでは醸し出せない心情を的確に表現する一助となる。この作品では「裕福な紳士令夫人タイプ」が三輪夫婦、一方の「貧弱なサラリイマン夫婦を代表する男女」が並木夫婦である。三輪は経済的にはごく普通の安定した生活をおくっているが、並木は定職に就いていない。

例文 12

三輪　あゝ、それも聞きたいが、<u>一体、今、何をしてるんだい</u>。
並木　何つて、何も出来やしないよ。
三輪　学校を出てから、何か書いてるつていふ話は聞いてたが…。
並木　その頃は、あれでも、何かしてゐたよ。今ぢゃ君、仕事つていふ名のつく仕事は、向うから逃げて行くんだ。
三輪　そんなこともあるまい。
　　　<u>やゝ長い間</u>。
並木　(突然、感慨めいた口調で)実際此処は面白い処だよ。あれを見たまへ――向うに見えるのが帝国ホテルだ。僕は、あすこの部屋に一度も寝たことはない。しかし、こゝへ上つて、あの屋根を見下ろすと、<u>帝国ホテル</u>がなんだといふ気になる。あれを見たまへ。あれが<u>日本銀行</u>だ。あの中には、さぞ大きな金庫があることだらうが、そんな金庫なんか埃溜(はきだめ)と同じことだ。さう思へる。これも、負け惜しみぢやない。つまり、此処へ上つて見ると、現実が現実として此の眼に映つて来ないんだね。一種のカリケチュアとして映るだけなんだ。
三輪　どうして、また、そんなこと云ひ出したんだい。(以下略)

(岸田国士『屋上庭園』)

「一体、今、何をしてるんだい。」と職業を問う三輪に対して、並木は半ば捻くれたような態度をとり、2人の間の会話は容易に進まず、その場に気まずい空気が生まれる。そうした状況の重苦しさを「や、長い間。」として指示、説明している。同じような状況は「長い沈黙」として指示されている箇所もあり、そこでは並木が現在拘わる仕事の将来性について尋ねる三輪との遣り取りのなかに出ている。登場人物間の考え方の相違やずれを、台詞だけではなく演じ方の面からも表している。さらに、両者の間に横たわる経済的な格差は、台詞のなかでの「帝国ホテル」、「日本銀行」といった事物を取り込むことで象徴的に表されて、作者の社会認識をも示している。

例文13 木下順二の『夕鶴』について、対照的な台詞における言語の取り上げ方について見てみる。

例文13

つう　　　まあ、あんた……
与ひょう　つう、どこさ行つてた？
つう　　　ううん、ちょっと……そんなこと、あんた……
与ひょう　えへへ、つうが戻ってきて汁が冷えとってはかわいそうだけに火に掛けといてやった。えへへ。
つう　　　ありがとよ。さ、ごはんの支度をしてあげようね。
与ひょう　うん。なら、おら、遊んで来る。ねんがらをするだ。

（木下順二「夕鶴」）

既に多くの人々に「鶴の恩返し」などとして知られる民話である。つうと与ひょうが用いる言語が、標準語と方言で区別されていることが劇作における特色として指摘されている。つうには標準語を用い、与ひょうの台詞では特定はできないものの方言を用いている。こうした違いをつけることは、両者の関係が今後どのようになるかを筋を追うだけではない形で表そうとするものである。また、民話の持つ郷土色をより強く印象づけることにもなっている。

戯曲の特徴

・対立や葛藤をもとに全体が構成され、筋が展開していくなかで短時間のなかでの展開がト書きで補足されながら進められる。

・台詞において、言葉に対しての新たな取り組みを示すことで、演じるなかで口頭で発せられる言語への問題意識が表明される。

6.2 韻 文 作 品

6.2.1 詩

　詩とは、文芸の1ジャンルで自然、人事などによって醸成された感動をリズムを伴った形式で表現したものである。素材はあらゆるものが対象となり、それらに対する作者の感情の動きが韻律にのって表現される。詩の歴史を概観すると、大別して文語体、口語体それぞれの詩が存在したが、特に明治期に入り新体詩が登場することで、あらたな詩形が創造されることとなった。散文が多くの語句を用いて長文となる傾向があるのに対して、限られた語句の連なりによって成立するため、読者のイメージに訴え、理解、共感を呼ぶような語句の選択が、作者によって為される。そこに作者の個性が発揮されることにもなる。

例文 14

小諸なる古城のほとり
雲白く遊子悲しむ
緑なす繁蔞(はこべ)は萌(も)えず
若草も籍(し)くによしなし
しろがねの衾(ふすま)の岡邊
日に溶けて淡雪ながる

あたゝかき光はあれど
野に滿つる香(かをり)も知らず
淺くのみ春は霞みて
麥の色はつかに青し
旅人の群はいくつか
畠中の道を急ぎぬ

暮れ行けば淺間も見えず
歌哀(かな)し佐久の草笛
千曲川いざよふ波の
岸近き宿にのぼりつ
濁り酒濁れる飲みて

|草枕しばし慰む　　　　　　　　　　（島村藤村『小諸なる古城のほとり』）

　五七の調べにのって語が配置された文語調の詩で、情景が想像できる3連構成の詩である。長野県に実在する古城址を訪れた旅人が、古城の寂れた様子を目の当たりにしながら、自らの旅情と重ね合わせた詩である。「小諸なる古城のほとり／雲白く遊子悲しむ」で始まる第1連は、「小諸」という、中央都市から離れた一地方の地名を取り上げ、さらに「古城のほとり」に佇むところから寂れた、わびしい情感が漂ってくる。城にはかつて多くの人々が集っていたはずだが、今は時代の移ろいとともに廃城となっている。人間の一生や歴史の流れについての思いが呼び起こされる場所である。時期は「緑なす繁縷は萌えず」以下4行に示されるように早春で、岡の残雪が春の暖かさで溶けて流れる景色は、古城址の醸し出す時の流れに呼応している。

　第2連では田園の風景が読まれている。春まだ浅いなか畑中を歩いていく旅人の群は、廃れ行く侘しさとともに、本格的な春には遠いなかで育まれる生命力を感じさせる。

　第3連は「遊子」の旅情が、あたりが暮れていくに従い、深まっていく様子が、千曲川の「岸近き宿」でひとり「濁り酒」を飲んで無聊を慰めつつ、旅人である己れの姿を見つめ直している模様から窺われる。

　詩のなかでは、「雲」、「若草」、「淡雪」、「千曲川」といった時間の経過を意味する語が用いられ、旅という時間の流れと場所の移動に身をまかせる「遊子」の旅情をより明晰に表現している。

例文15

見よ、今日も、かの蒼空(あをぞら)に
飛行機の高く飛べるを。

給仕づとめの少年が
たまに非番の日曜日、
肺病やみの母親とたつた二人の家にゐて、
ひとりせつせとリイダアの独学をする眼の疲れ……

見よ、今日も、かの蒼空に
飛行機の高く飛べるを。

（石川啄木『飛行機』）

3連で構成されている。給仕として働いている少年が、偶々仕事が休みの日曜日に自宅でリーダーの自習に「せつせと」と励んでいる。彼が空を見やると、その勉強で疲れた眼に青空高く飛ぶ「飛行機」が映る。使用されている語句も内容も難解なものはない。しかし肺病を病む母親を抱え、労働に従事しながら勉強に励む少年の姿と、空飛ぶ飛行機とは、暗く苦しい少年の生活と、それでいながら明るい未来を思い描き希望を胸に努力する少年の姿を示し、極めて対照的な要素を担っている。視線の向く先は少年の周囲に限定されず、「蒼空」へと展開することで詩の世界は卑近なものとならず、また病気や経済的困窮という暗さは、「蒼空」の明るさと対比されていて明快である。疲れた眼で見る青い空は、視界の広がり示すものとなっており、少年の現在の境遇（孤独、生活の困窮）と、その未来ある身（学業に励む姿）を対比して効果的である。

詩の特徴
- 視覚でとらえたものを、空間的な広がりや動きを伴った形で表現することで、使用する言葉が少ないなかでも読者のイメージに訴える効果が期待できる。
- 全体にリズムをつけていくことで、情景や心情が表出しやすく、また意味や内容を受け取り易い。

6.2.2 短　歌

　短歌とは、和歌の一形態で長歌に対して、五、七、五、七、七の五句で成立する。五句のうちのどこで切れるかは時代によって変遷し、また体言止め、用言止め等といった形式上の推移も作品によっては顕著な傾向として認められるところである。

例文 16

やは肌のあつき血汐にふれも見でさびしからずや道を説く君　　　与謝野晶子

　『みだれ髪』所収の歌であるが、そこに収められた歌の多くが難解で、曖昧なものであるなか、この歌は内容が明快で、かつはっきりとした主張が表されているものである。作者にとっては、まだ作歌経験も少ない22、3歳の頃の作であるが、若い女性としては大胆な詠み方である。それは「やは肌」、「あつき血汐」、「ふれも見で」と身体的な表現を通して、きわめて肉感的な印象を残すことや、その

ことによって肉体の内側に存在する精神の動き、躍動をも伝えることに成功している。さらに「道」という言葉のもつ意味が、社会通念、道徳など複数にわたると考えられるなかで、より一層対照的な相を印象づける。若さと内に溢れる情熱を誇示した1首である。

例文 17
死に近き母に添寝のしんしんと遠田のかはづ天に聞こゆる　　　斎藤茂吉

これも定型に則った形で、茂吉の母いくの死に際し、亡き母への挽歌として創作された59首のうちの1つであり、代表的な歌集『赤光』に収録されている。集中では、母親が死を迎えるまでを追った「其の二」に含まれている。

死が間近に迫った母親の側で寝ずに付き添っていると、遠くの田のおもてで鳴いている蛙（「かはづ」）の声が、夜更けの空気を通して天から響いてくる、という意である。使われている語、「死」、「母」によって、読み手は当然この歌の意味を受けとめ、また背景について知ることにもなるが、それが時間、空間の拡がりをもって示されていて、身辺の出来事を詠みつつもそれだけに留まらない奥行を持った世界が示されている。

人間が肉体の死を迎え、その消滅によって魂が無限の世界を新たに生きることになるという、有限から無限への移行が暗示され、同時に母親を喪う悲しみが表されている歌である。ここでは「しんしんと」という語句の効果に注目したい。母の死は遥か先のことではないこと、むしろその速さを実感させられる契機となるのが、蛙の声である。蛙は遠くの田で鳴いているのだが、「天」から聞こえてくるとするところで、避けがたい運命の予兆が示されている。

短歌の特徴
- 全体を覆う調子が、歌の意味するところ、内容を的確に表現することにつながり、文字数を少なさを凌駕する力強さを示す。
- 時間、空間の双方においての拡散、伸長を示すことが、自然、人事にまつわる事柄において表現され、表面上の意味内容を超越した暗示的要素をも含む表現が可能である。

6.2.3 俳　句

　俳句とは、五七五の一七音を定型として、作句された時期の季節をしめる詞、季語を詠み込み、発句は切れ字によって一句として完結する。もとは連歌の第1句が独立してできたものだが、初期の頃から単独に作られた。明治以降は発句のみを指して呼ぶようになった。日常、非日常を問わず、さまざまな機会に作られてきた。

例文 18

行春や鳥啼魚の眼は泪　　　　　　　　　　　　　　　　　　　　　松尾芭蕉
（ゆくはる　とりなきうお　め　なみだ）

　松尾芭蕉の『奥の細道』に収録され、芭蕉が元禄2年3月下旬、奥州へと向かっていく途上最初の宿場である千住で知人らに送られ、別れの挨拶を交わす模様に材をとった、よく知られた句である。季語は「行春」である。「行春」に過ぎゆく春を惜しむ感情が含まれ、旅立ちにあたって親しい人々に別れを告げ、去りゆく惜別の思いが、「鳥啼魚の眼は泪」に示されている。ふだんと変わりなく鳴く鳥や水中を泳ぐ魚までもが、啼き、泪を目に溜めているように思われると詠む。一つの季節が終わりゆく、その季節との別れと、旅立ちによる人々との別れのそれぞれの別れに伴う寂寥の思いを、鳥、魚といった自然界の生物の感情をイメージのなかに取り込むことで表現している。

例文 19

元日の人通りとはなりにけり　　　　　　　　　　　　　　　　　　　正岡子規

　正岡子規が明治29年作った句である。季語は「元日」である。一夜が明けると一年の始まり、元旦となり、前日の大晦日までの忙しく、せわしない様子は消え失せ、初詣や年始回りの用事で外出した人々の姿が見られるようになる。往来の「人通り」に着目し、人々の動きが一夜にして変化する、そのさまから年始の清新な雰囲気と、人々の繁忙さから解放された、穏やかな心情を浮びあがらせ、年始独特の風情を示そうという意図が窺われる。

俳句の特徴
　・季語を用いる。
　・身の回りに起こった出来事や存在する事物などを折にふれてとりあげ、それ

らに詠み手の思いを託して複雑な情緒を表現したり、また写生的な手法で風景を詠むことによって明快に風情や詠み手の感慨を伝える。

［小林明子］

【例文の文献案内】
例文 1：吉村昭「アイスクリーム」『縁起のいい客』文春文庫、2006。
例文 2-4：向田邦子「時計なんか恐くない」『夜中の薔薇』講談社文庫、1984。
例文 5：永井荷風『断腸亭日乗』『永井荷風全集　第 25 巻』岩波書店、1994。
例文 6：遠藤周作『渡仏日記』『遠藤周作全集　第 15 巻』新潮社、2000。
例文 7-8：芥川龍之介「トロッコ」『芥川龍之介全集　第 9 巻』岩波書店、1996。
例文 9-10：川端康成「バッタと鈴虫」『掌の小説』新潮文庫、2013。
例文 11-12：岸田國士「屋上庭園」『岸田國士全集　第 2 巻』岩波書店、1990。
例文 13：木下順二『夕鶴』『現代日本戯曲大系　第 1 巻』三一書房、1971。
例文 14：島崎藤村「小諸なる古城のほとり」『日本の詩歌』中央公論社、2001。
例文 15：石川啄木「飛行機」『日本の詩歌』中央公論社、2001。
例文 16：与謝野晶子作、『日本近代文学大系　第 17 巻　与謝野晶子・若山牧水・窪田空穂集』角川書店、1971。
例文 17：斎藤茂吉作、伊藤整ほか監修注釈『日本近代文学大系　第 43 巻』角川書店、1970。
例文 18：松尾芭蕉作、井本農一、堀信夫注解『松尾芭蕉集①』小学館、1995。
例文 19：佐佐木幸綱編『鑑賞　日本現代文学　第 32 巻』角川書店、1983。

第7章 文　　　　　体

7.1 文　体　と　は

　文体は、それ自体自明ではなく、学者の数だけ定義があるとさえ言われることがある。これをどのようにとらえるかによって研究方法や記述の仕方も変わってくるので、文体論という学問分野が設けられ追求されてきた。波多野（1935）、小林（1943）をはじめとして、山本（1940）、佐々木（1950）、時枝（1960）、樺島・寿岳（1965）、安本（1960）などが、それぞれの文体観に基づいて独自の方法論を展開してきた。

　こういった流れを受け、中村（1993）は、

(1) 文体は表現主体によって開かれた文章が、受容主体の参加によって展開する過程で、異質性としての印象、効果を果たす時に、その動力となった作品形成上の言語的な性格の統合である。

と説き、さらに、中村（2007）では、その具体的な文体の幅を、

(2) 文体を類型面でとらえるか個性面でとらえるかによって大きく二分され、現実に次のように多様な意味で用いられている。(1) 文字表記の違い (2) 使用語彙の違い (3) 語法の違い (4) 文末表現の違い (5) 文章の種類の違い (6) 文章の用途の違い (7) ジャンルの違い (8) 調子の違い (9) 修辞の違い (10) 文章の性格の違い (11) 時代の違い (12) 使用言語の違い (13) 表現主体の属性の違い (14) 文学史上の流派の違い (15) 作家ごとの文章や表現の違い (16) 執筆時期の違い (17) 作品ごとの文章や表現の特徴の違い。

のように整理している。このように、文体の定義はなお一定しないのであるが、日本語文体史の記述に多く採られてきた定義が次のギロー（1951、1984）のそれであり、「最大公約数的」なものとして知られている。

　この文体論は、伊吹（1956）により紹介され、西田（1978）、山口（1984）な

---

*1　各例文の出典については章末に掲示するので参照されたい。

どに採用されたことから、日本語史研究者にも広く知られるようになった。
　ピエール・ギロー（Pierre Guiraud）は、文体を次のように定義する。

（3）文体とは、話し主あるいは書き主の性質と意図によって決定される、表現手段の選択から生じた陳述の様相である。

　ギローによれば、ことばを媒介として思考を表現する行為即ち言語表現には、その伝達の内容となる概念的価値（valeur notionnelle）と言語表現に自然に伴う、無意識的な表現主体の感情・欲望・性格・気質・社会的な生い立ち・状況を露顕してしまう表現的価値（valeur expressive）と、表現主体が意図的に効果を狙い、受容主体に特定の印象を植えつけようとする印象的価値（valeur impressive）の三重の価値があり、この中、表現的価値と印象的価値とをまとめて、文体的価値（valeur stylistique）という。一般に「表現効果」などと言われるのがこれに相当する。
　表現効果、すなわち、文体的価値の再構の前提となるのが、そもそもそのような価値を生じる文章表現の特徴であって、これをどのように把握するかが肝要な点である。この点について、ギローは、

（4）文体の効果は、文体的異形（variantes stylistiques）の存在、すなわち、同じひとつの概念（un même concept）を表現する言語形態がたくさんあって使い手がその中から選択できるということを（中略）前提としてなりたっている。

と明快に説いている。
　この「文体的異形」を、「文体因子」あるいは「文体素」などとも呼ぶことがあるが、いずれにせよ、「文体的異形」の中から１つを選択するとき、文体的特徴がそこに顕現するのである。
　この特徴は、質と量の両面から捉えることが可能であって、質の面で言えば、日本語の場合、たとえば、同じ内容を表すのに、常体か敬体か、あるいは平仮名・片仮名・漢字のどれを選択するか、音便形か非音便形か、和語か漢語か、口語か文語か、といった観点がよく知られている。このような、常体・敬体は敬語表現、平仮名・片仮名・漢字は字種、音便・非音便は音声、和語・漢語、口語・文語は語彙もしくは語法（文法）というように、文体は、特定の観点のみから記述するのではなく、その時代の文章の特徴が端的に浮かび上がる観点を重視して記述する。したがって、文法、音韻、語彙などの観点から多角的に文章を観察し、これ

らの諸特徴を統合する形で文体をとらえて記述することになる。なお、ギローをはじめとする文体の定義はいずれも同義性を前提にその文体的異形の選択を問題にしているが、山本（2006）に説くように、意味そのものの選択を文体指標にする考え方もある。

また、これらの文体的異形をどの程度用いているかという量的側面に関しては、

(5) まことに文体論は、統計学的分析が得意の地盤であるように思われる。それは、文体事実が客観的に観察できて列挙できるものである、という理由からばかりでなく、言語がひとつの統計的な本質をもつもの、「痕跡の総和〔ソシュール〕」であるからでもある。

と説くように、統計学的手法が有効と考えられる。また、先掲のとおり、文体のとらえ方には、個別的にとらえるミクロ文体と、類型的にとらえるマクロ文体のアプローチの仕方があるが、いずれにせよ、互いに他とは異なった言語特徴を問題とする文体研究においては比較が基本的作業となろう。

7.2 文体史の流れ

日本語の文体史、つまり、日本語で表現された文章を対象として、その言語的特徴を記述し、変遷を辿る作業はなかなか容易ではない。

この作業を困難にしている要因はいくつか考えられるが、1つに過去のテクストは音声として記録される以前に長い間文字によって記録されていて、この文字・表記に拘束されることが挙げられる。奈良時代以前の文章は漢字専用文であり、仮名が発生した後の仮名交じり文の文章とは文体分析の観点という面で同列には扱えない。第2に、文章の史的展開を辿る際に、1本の線上にそれぞれの文章を位置づけるような単純な流れでは描かれないということがある。一般に、文章の目的、用途によって選択される言語表現は異なり得るが、その文章の目的・用途自体が時代によって違っているので文体としての連続性を担保しにくいという問題がある。現状では、特に上代から鎌倉時代までの文体史の記述と室町時代以降のそれとの間の断絶は未だ埋められていない。

この節では、それぞれの時代を象徴するような文体を紹介することで、ピンポイントで日本語文体史を概観してみたい。なお、その際、当該の文体が当時どのように意識されていたかもあわせて見てみることとする。

7.2.1 和化漢文

日本語を記録する文字の字種は一つに限られず、漢字、平仮名、片仮名（およびローマ字、アラビア数字など）などを組み合わせて綴るのが一般である。奈良時代以前の、古代日本語は、未だ仮名が発生していなかったために基本的に漢字専用文である。その書き手の苦心を太安万侶は『古事記』序文で、次のように語っている。

例文 1

已因 レ訓述者、詞不 レ逮 レ心。全以 レ音連者、事趣更長。

　すでに訓に因りて述べたるは、詞心に逮ばず。全く音を以ちて連ねたるは、
　事の趣（おもぶき）更に長し　　　　　　　　　　　　　　　　（『古事記』）

この、訓字による表記（＝和化漢文）では十分に繊細なニュアンスを伝えることができないという欠点と、音による表記（＝万葉仮名）では冗長になって効率が悪いという欠点の双方を解消すべく工夫されたのが、和化漢文であった。

これは、次のように一見すると中国古典の漢文体のようであるが、実際には漢字を用いて日本語を綴るための文体である。

例文 2

<u>自＝其地 ＿幸</u>、<u>到＝三重村＿之時</u>、<u>亦詔之</u>、<u>吾足如＝三重勾＿而甚疲</u>。<u>故</u>、<u>号＝其地＿謂＝三重＿</u>。<u>自 レ其幸行而</u>、<u>到＝能煩野＿之時</u>、<u>思 レ国以歌曰</u>、

夜麻登波　久爾能麻本呂婆　多多那豆久　阿袁加岐　夜麻碁母礼流　夜麻登志宇流波斯

　其地（そこ）より幸（いで）まして、三重の村に到りましし時、亦詔之（またのらさ）く、「吾が足は三重の勾（まが）りの如くして甚（いと）疲れたり。」とのらさく。故其地を号（かれ）けて三重と謂ふ。
　其より幸行（いで）まして、能煩野（のばの）に到りましし時、国思ひて歌ひたまひて曰（いは）く、
　　やまとは　くにのまほろば　たたなづく　あをかき　やまごもれる　やまとしうるはし
　　　　　　　　　　　　　　　　　　　　　　　　　　　　　　　　（『古事記』）

実線部が叙述部分で和化漢文で綴られており、点線部が歌謡を表記するのに採用された万葉仮名表記の箇所である。

和化漢文は、語順が日本語式になったり、中国古典とは異なった漢字の用法が

見られたりするが、漢字の多義性を捨象して一義的、固定的になっている。

　平安時代に仮名が成立して、文章も漢字仮名交じり文で綴られるようになったが、近代に至るまで和化漢文で綴ることも廃れることなく継承された。和化漢文のうち、特に実用的な文体を記録体と呼ぶこともあるが、公家日記や往来物、古文書などでこの文体が採用された。

7.2.2　和　文

　紀貫之によって『古今和歌集』仮名序および『土佐日記』が記され、仮名散文の和文体がここに成立した。これ以降、平安時代には仮名文学作品の隆盛を見る。『土佐日記』の後『蜻蛉日記』以下の日記文学作品が続き、他方『伊勢物語』のような歌物語、『竹取物語』『宇津保物語』といった伝奇物語が生まれ、紫式部の『源氏物語』の成立に至る。また、『枕草子』のような随筆も記された。

例文 3

冬になりゆくままに、河づらのすまひいとど心ぼそさまさりて、うはの空なる心地のみしつつ明かし暮らすを、きみも、「なほかくてはえ過ぐさじ。かのちかきところにおもひ立ちね」と進め給へど、つらきところおほくこころみはてむものこりなき心地すべきを、「いかに言ひてか」などいふやうにおもひ乱れたり。

（『源氏物語』薄雲）

　『源氏物語』の一文はこのように大変長く、感情表現や省略、指示詞を用いて朧化表現を多用するといった特徴が見られる。この和文体について、鴨長明『無名抄』は、

(6) 仮名に物書く事は、歌の序は古今の仮名序を本とす。日記は大鏡のことざまを習ふ。和歌の詞は伊勢物語并後撰の歌詞を学ぶ。物語は源氏に過ぎたる物なし。皆これらを思はへて書くべき也。いづれもいづれも構へて真名の言葉を書かじとする也。心の及ぶ限りはいかにも和らげ書きて、力なき所をば真名にて書く。

のように平安和文の諸作品を仮名、真名の字種選択と絡めて位置づけている。

　和文体は、鎌倉時代以降、言文二途に分かれ、文（書き言葉）の流れとして『徒然草』などに「擬古文」として継承され、さらに江戸時代中期以降、国学者などに採用された「雅文」へと繋がる。

7.2.3 漢文訓読体

平安時代には、和文体と、これに対立する漢文訓読体という文体があった。これは、中国古典文（漢文）を、返点や仮名の訓点に従って訓み下した文であり、たとえば、「漢皇重色思傾国御宇多年求不得」を

例文 4

漢皇色を重んじて傾国を思ふ、御宇多年求むることを得ず。　　　（『長恨歌』）

というように訓読した文がこれに当たる。漢文自体は中国の文章であるが、訓点によって日本語に変換された訓読文は日本語文の一種である。この、漢文訓読体の特徴を端的に物語るのが、和文体と対立する語彙、語法の存在である。

たとえば、比況表現について、

例文 5

にしとみといふ所の山、絵よくかきたらむ屏風をたてならべたらむやうなり
　　　　　　　　　　　　　　　　　　　　　　　　　　　　　　（『更級日記』）

例文 6

功成り理定りて何ぞ神のごとく速やかなる　　（神田本『白氏文集』巻三天永点）

和文体では「やうなり」が用いられるが、漢文訓読体では「ごとし」を用いるというように、ほぼ同義の意味であるのに選択する語形を異にしている。比況表現という同義性を前提として、その文体的異形「やうなり」「ごとし」のいずれを選択するかによって、和文体か漢文訓読体かが区別される。

　　○ゴトシ―やうなり、シム―す・さす（使役）、ハナハダ―いと、タガヒニ―かたみに、スミヤカナリ―とし、アタハズ―え…ず（片仮名が漢文訓読特有語、平仮名が和文特有語）

をはじめ、各品詞にわたってこのような二項対立をなす語が存在する。なお、これに加えて、以下の諸語のように、和化漢文の記録体がこれらと対立する語彙・語法の見られることも指摘されている。

○なる・イタル・およぶ、おだし・オダシヒカナリ・穏便、おほかた・ホボ・粗（あらあら）、とく・スミヤカニ・早（はやく）、みそかなり・ヒソカナリ・密々（和文体・漢文訓読体・記録体の順）

　古代以来江戸時代まで受け継がれた漢文訓読の語法は、明治時代の欧文翻訳にも応用され、さらには現代日本語の文章語へと繋がってゆく。

7.2.4　和漢混淆文

　平安時代の後半期（11世紀）には、仮名文学作品の和文体と、訓点によって読み下した漢文訓読体とは語彙・語法の上で顕著な対立を見せ、両者の文体が確立してくる。和文語を用いる文章には、通常訓読語は見えず、逆に訓読語を用いる訓点資料に和文語は無条件には出現しない。12世紀以降、この、和文語と漢文訓読語が一文章中に混在するようになるが、こういった混在の現象を見せる文体を、和漢混淆文と呼んでいる。院政期の代表的な説話集『今昔物語集』は、和文語と漢文訓読語の双方が用いられる。しかし、それは、31巻（現存28巻）の全体に満遍なく混在しているのではなく、巻20を境として前半に訓読語が、後半に和文語が偏って出現している。これは、仏教説話を集めた前半が漢訳仏典の類、世俗説話を集めた後半が仮名文学の類を出典としているために、その元の文体の影響を承けたものと解釈されている。その意味では、和漢混淆文というよりは、和漢折衷文と呼んだ方が適当である。

　本格的な和漢混淆文は、『平家物語』がまず挙げられる。確かに同じ巻に、和文語と漢文訓読語が交え用いられ、さらに、和漢混淆文型といった特殊な語法も見える。ただし、

例文7

祇園精舎の鐘の声、諸行無常の響あり。娑羅雙樹の花の色、盛者必衰のことわりをあらはす。おごれる人も久しからず。只春の夜の夢のごとし。たけき者も遂にはほろびぬ、偏に風の前の塵に同じ。　　　（覚一本『平家物語』祇園精舎）

は、対句を基調とする文体であるが、合戦の場面になると、

―― 例文 8 ――
ともゑそのなかへかけ入り、をん田の八郎におしならべ、むずととってひきおとし、わが乗ったる鞍の前輪に押しつけて、ちっともはたらかさず、首ねぢきって捨ててんげり
　　　　　　　　　　　　　　　　　　　　　（覚一本『平家物語』木曽最期）

とテンポの速い口語的な文体に変じて活写される。

　やがて、軍記物の他、鎌倉時代の説話や法談記録などに和漢混淆文は使用域を拡げてゆく。

　なお、慈円は『愚管抄』の中で、字種選択と文体について次のように述べる。

(7) 偏ニ仮名ニ書（キ）ツクル事ハ、是モ道理ヲ思ヒテ書（ケ）ル也。先（ヅ）是ヲカクカヽント思（ヒ）ヨル事ハ、物シレル事ナキ人ノ料也。此（レ）末代ザマノ事ヲミルニ、文簿ニタヅサワレル人ハ、高キモ卑（シキ）モ、僧ニモ俗ニモ、アリガタク学問ハスガスル由ニテ、僅ニ真名ノ文字ヲバ読（メ）ドモ、又其（ノ）義理ヲサトリ知レル人ハナシ。（巻第二）

同書の巻第七、また『十訓抄』にも同趣の記事が見られるが、漢文の訓読が日常からかけ離れており、実用、すなわち何人にも理解しやすいという点における（片）仮名文の優位性を慈円は明確に自覚していた。

7.2.5　中世・近世の口語文

　鎌倉時代の和漢混淆文は時代が下るにつれ、さらに浸透してゆく。前代の言語規範を文語体として墨守しつつ、徐々に弛緩させ、口語の混在を許容してゆくことになるが、その一つの達成を示すのが、室町時代末期のキリシタン文献に見られる、次のような口語文である。

―― 例文 9 ――
射さうな者はないか？　那須の与一は小兵なれども、手はきいてござる：証拠はあるか？そのことでござる：かけ鳥を三寄りに二寄りはたやすうつかまつると申す：さらば召せとて召されたに
　　　　　　　　　　　　　　　　　　　　　　　　　　　　（天草版『平家物語』）

これを原拠となった平家物語と比べてみると、

― 例文 10 ―

「射つべき者はなきか」。「さん候。下野の国、那須の太郎助孝が子に、与市助宗こそ小兵なれども、手はきいて候へ」。「証拠はあるか」「さん候。翔け鳥を三よせに二よせはかならずつかまつる」と申す。「さらば召せ」とて、召されたり。　　　　　　　　　　　　　　　　（百二十句本『平家物語』）

のようであり、鎌倉時代から室町時代にかけての文体の変遷の様が窺える。

　このキリシタン文献においても、文体に関する貴重な言及がある。ロドリゲス『日本小文典』では、日本語学習の教材（読本）という観点から、

(8)　第一の最も初歩的な部類に入るものとしては、May（舞）と Sŏxi（草子）がある。文体が平易で通常の会話体に最も近いからである。第二の部類には、Saighiŏfôxi（西行法師）の著した隠者伝で Xenjixo（撰集抄）と呼ばれるものと、Camono chiŏmei（鴨長明）の書いた隠者伝で Foxxinjŭ（発心集）と呼ばれるものがある。第三は歴史物語の意の Monogatari（物語）の名のついたもので、例えば Feike monogatari（平家物語）、Fôghen Feigi monogatari（保元平治物語）。これら二つはこの分野で最高かつ最も美しい文体をもつものである。第四は Taifeiki（太平記）と呼ばれる歴史書で、その文体はこの日本で最も荘重にして崇高な文体である。講読に用いてよいのは以上四類の書物、および美しく正しい日本語があますところなく認められる同種の書物である。

のようにランク付けを行っている。

　江戸時代に入っても、学者の随筆などは擬古文で記されていて、平安時代の和文とさほど異ならないようにも見えるが、それだけに口語文とは乖離していたと考えられる。

― 例文 11 ―

なんだべらぼうめ。金銀があるまい。人を見くびつたことをいやアがる。あるから買をふ。これはふんどしだけでいくらだへ　　（『東海道中膝栗毛』四編下）

これは、弥次の会話文の箇所であるが、通俗の口語文で綴られていることが知られる。

　なお、近世には、文体史研究の先駆的著述が現れる。伴蒿蹊『国津文世々の跡』（安永6年（1777）刊）は、和文作法の規範を時代によって古体・中古体・近体

に分けてこの3つの文体を例示して解説を施している。ただし、

> (9) 近体といふべきもの（中略）〇百年已来俳諧文章といへる一種出来る、是は彼者流の文章にして和文の列にはあらねど、其かたにとりて上手のかけるは目覚る心地するもの也。

と述べるように、同時代の近世文芸の文章は、文体史の対象とはなっていない。

7.2.6 言文一致への道程

　平安時代の終わりから日本語の文章は、書き言葉（「文」＝文語）が固定化し、話し言葉（「言」＝口語）との隔たりが徐々に大きくなり、幕末には、相当の開きがあった。「言文一致」とは、この隔たった書き言葉と話し言葉の距離を縮めようとするものであり、その運動を「言文一致運動」、これによって成立した文体を言文一致体と呼ぶ。

　明治初期には、江戸時代の文体を受け継いで、漢文体、漢文直訳体、和文体（雅文体）、候文体、欧文直訳体などが行われていた。これらの書き言葉は、当時の話し言葉との隔たりが大きいものであり、これを埋める運動が起こった。その濫觴は、前島密の「漢字御廃止之議」で「国文を定め」てゴザルやツカマツルを用いることを主張するところにも窺えるが、明治17年（1884）に神田孝平が「平生談話ノ言葉ヲ以テ文章ヲ作レバ即チ言文一致ナリ」の言を承け、この「言文一致」の文体を模索しながら、明治20年代には小説が続々と書かれるようになる。

　近代小説の言文一致体は、その文末から、二葉亭四迷の「ダ」体、山田美妙の「デス」体、嵯峨の屋御室の「デアリマス」体、尾崎紅葉の「デアル」体などが試みられた。

　三遊亭円朝のすぐれた話術を坪内逍遙などが高く評価したが、二葉亭四迷の言文一致の文体にも影響を与えたと言われている。

例文12

寛保三年の四月十一日、まだ東京を江戸と申しました頃、湯島天神の社にて聖徳太子の御祭礼を執行まして、その時大層参詣の人が出て群集雑踏を極めました。　　　　　　　　　（三遊亭円朝「怪談牡丹灯籠」1884〈明治17〉年）

　明治21年（1888）に刊行された四迷の『あひびき』は、ツルゲーネフの小説

を翻訳したものである。その文体は

> **例文 13**
> 秋九月中旬といふころ、一日自分がさる樺の林の中に座してゐたことが有ツた。今朝から小雨が降りそそぎ、その晴れ間にはおりおり生ま暖かな日かげも射して、まことに気まぐれな空ら合ひ。　　　　　（二葉亭四迷『あひびき』）

のようなものであったが、句読点の位置まで原文に忠実に訳すことに努めたというこの名訳は、当時の新しいスタイルとして、国木田独歩、田山花袋などに影響を与えた。

　明治30年代には、高浜虚子が写生文に言文一致体を採ることを説き、新聞記事や手紙文にもこの文体で書くことが主張された。

　この言文一致体の流れを汲む口語体は、明治36、37年（1903、1904）の国定教科書に採用され、学校教育を通して普及した。ただし、すべてのジャンルに及んだわけではなく、官庁の公用文や法令文、詔書などは昭和21年（1946）まで旧来の文語体で書かれた。　　　　　　　　　　　　　　　　［山本真吾］

【例文の文献案内】
例文1、2：太安万侶「古事記」『日本思想大系　第1巻』岩波書店、1982。
例文3：紫式部「源氏物語」『日本古典文学大系　第15巻』岩波書店、1959。
例文4：白居易「長恨歌」『長恨歌　正宗敦夫文庫本』福武書店、1981。
例文5：菅原孝標女「更級日記」『日本古典文学大系　第20巻』岩波書店、1957。
例文6：神田本「白氏文集」巻三天永点、『神田本白氏文集の研究』勉誠社、1982。
例文7、8：覚一本「平家物語」『日本古典文学大系　第32・33巻』岩波書店、1959・1960。
例文9：天草版「平家物語」『天草本平家物語』吉川弘文館、1980。
例文10：百二十句本「平家物語」『新潮日本古典集成第47回』新潮社、1981。
例文11：十返舎一九「東海道中膝栗毛」『日本古典文学大系　第62巻』岩波書店、1958。
例文12：三遊亭円朝（若林玵蔵筆記）「怪談牡丹燈篭」日本稗史出版社、1884。
例文13：ツルゲーネフ著、二葉亭四迷訳「あひびき」『あひゞき・片恋・奇遇　他1篇』岩波書店、1955。

第8章 修　辞　法

8.1 修辞法とは

　修辞法とは、効果的な伝達や美的効果のために用いられる言語技術である。レトリック（rhetoric）という概念で捉えられることも多い。広義の修辞法は、話し言葉の技術としての弁論術も包括したものであるが、狭義の修辞法は、文体上の技巧に限定された言語技術であり、文彩・詞姿・ことばのあやなどの用語が用いられることもある。ここでは、後者の意味での修辞法について述べることにする。文体上の技術としての修辞法には、多様なものがありその使用目的もさまざまであるが、通常言語では表出できない何らかの効果を表すことを目的として用いられることは共通している。アリストテレスは「詩学」のなかで、文体の理想的なあり方は、明確であって平板ではないことであると述べ、明確さの追求だけならば通常言語でよいが、文体を平板でなくするために変形や比喩などの文彩を用いることを主張している。通常の言語は平板であり、表現者はそこから離れるため様々な修辞法を用いる。典型的には誇張法であり、「疲れて死にそう」、「（空腹のあまり）お腹と背中がくっつく」などといった表現は、現実離れしているが故に、言語の平板さから逃れられている。また、アリストテレスが「詩学」の別箇所で指摘するように、修辞法を用いて明確さをさらに強調することもできる。ある事物を描写するのに、比喩を用いることでその特徴を際だたせることなどはその例である。さまざまな修辞法のなかで、もっともよく用いられるのは比喩であり、修辞法の代表例と言える。以下、8.2節で比喩について説明し、続く8.3節では、それ以外のさまざまな修辞法について述べていく。

8.2 比　喩

8.2.1 喩えの効能

　まずは、次の文の空欄にどのような言葉を入れるか考えていただきたい。例文

1は、小川洋子氏の小説『猫を抱いて象と泳ぐ』から*1。後にチェスの名手となる主人公を導くマスターの教え方について巧妙な喩えが用いられている。例文2は作家中村航氏による、新聞に掲載された文章である。鯛焼きについて面白い喩えが使用されている。

> **例文 1**
> 　マスターの教え方は実に忍耐強かった。系統立った指導法を持っているわけではなく、ゲームを進めながら、行き当たりばったり、その場で思いついたことを口に出しているだけのようでありながら、あとでゆっくり思い返してみれば、すべてのアドバイスが（　　）のように連なって見事な模様を（　　）に描き出しているのだった。　　　　（小川洋子『猫を抱いて象と泳ぐ』）

> **例文 2**
> 　全体が薄くて、皮がぱりっとしているんです。あんこが尻尾まで入っていて、本当においしい。後で誰かから聞いたな。一気にたくさん焼くのは「（　　）」、柳家さんのように一つずつ焼くのは「（　　）」だって。そんなふうに実際の魚のように例えられるメタファーがあるのも、他の食べ物にはない魅力ですよね。　　（中村航「オトコの別腹」朝日新聞 2013 年 7 月 23 日夕刊 5 面）

　例文1の最初の空欄には「星座」が、次の空欄には「大空」が入る。マスターのアドバイスの1つ1つはバラバラのように見えたが、主人公が後から考えるとそれが見事につながっていた、ということを表すのに、大空に描かれた星座というイメージは実にわかりやすい。1つ1つの星は独自に存在しているのだがそれを人間の方で星座に見立てている、という喩える物事と喩えられるマスターの教え方がしっかりと結びついている。例文2の最初の空欄には「養殖物」が、次の空欄には「天然物」が入る。量産の鯛焼きは、一度にまとめて収穫するというイメージから「養殖物」という喩えが、1つ1つ手焼きする鯛焼きは、手間暇かけて漁をするというイメージから「天然物」という喩えが用いられている。前者に比べ後者がより高級であるということを読み込むこともできるであろう。魚を擬した鯛焼きという食べ物について、「実際の魚」のように喩えていることで機知のある表現となっていると言える。以上の例文1、2の例のように、喩えを用い

---

*1　各例文の出典については章末に掲示するので参照されたい。

ることで我々は物事を実にイメージ豊かに表現することができる。

8.2.2 シミリー（直喩）とメタファー（隠喩）

例文1と例文2でとりあげた例は、喩えるものと喩えられるものとの間に何らかの類似性が見られたのであるが、このようなタイプの比喩にはシミリー（直喩）とメタファー（隠喩）という2つの類型が立てられる。例文1はシミリーであり、例文2は文中にも記載があったようにメタファーである。

シミリーとは「君の瞳は宝石のようだ」のように、比喩であることを示す標識（この場合は「ようだ」）が表現のなかにあるものである。このような標識としては、他にも「みたいだ」「同じだ」「同然だ」といった文末形式や「あたかも」「まるで」といった副詞が含まれる。メタファーの方は「君の瞳は宝石だ」のように「AはBだ」という形を取る場合と「君の宝石（＝瞳）を見つめていたい」のように喩えるもの（この場合は「宝石」）のみが文中にあらわれ、喩えられるものは隠されている場合がある。

シミリーとメタファーにはそれぞれの優位点があると言われている。メタファーの優位点は、よりスマートな言語表現であるということでわかりやすい。シミリーの優位点とはどのようなものであろうか。

たとえば、唐突に人から「君は豆腐だね」といわれたとしよう。この場合、我々はとまどう他はない。それに対して、「君は豆腐のような人だね」という表現なら少なくとも、相手が自分を喩えようとしていることはわかるし、われわれは、その由縁を考えようとするであろう。文芸作品においても同じことで、シミリーは標識に支えられて思い切った飛躍ができる表現と考えられる。

8.2.3 概念メタファー

日常言語のなかに浸透し、単発ではなく体系的に用いられているメタファーをアメリカの言語学者と哲学者のコンビである、ジョージ・レイコフとマーク・ジョンソンが分析し、概念メタファー（conceptual metaphor）と名づけている（Lakoff & Johnson (1980)）。以下に日本語のなかの概念メタファーの好例を、野村（2002）をもとに説明する。

次の例文3〜5を見てみよう。言葉を液体で捉える表現が日本語には多種多様に存在することに驚くのではないだろうか。また、例文3〜5でそれぞれ言葉と液体のどのような面に注目して言葉を捉えているか、違いも見て取れることだろ

う。

> **例文 3**
> a. 言葉を絞り出す。
> b. 仕事を辞めるつもりだと太郎が漏らした。
> c. 太郎は子供が世話が焼けるとこぼす。

> **例文 4**
> a. 言葉を汲む。
> b. 一言洩(もら)さず聞く。
> c. 彼女の言葉が心／身にしみる。

> **例文 5**
> a. 淀みなく話す。
> b. 言葉を濁す。

　これらはいずれも「液体としての言葉」という概念メタファーとして捉えることができるが、言葉と液体のどのような面に注目するかによって、さらに細かく類型化できそうである。例文3（a〜c）の動詞、「絞り出す」「こぼす」「漏らす」はいずれも液体の放出にかかわる動詞で、この場合は言葉の放出に用いられている。以上の表現は、「言葉を話す／書くことは液体を発することである」という概念メタファーとして整理することができる。聞き手に向けて発せられた液体としての言葉は、やがて聞き手のところに到達する。到達した言葉は、聞き手によって受け取られることになるが、これらを言語化したのが、たとえば、例文4（a〜c）に見られる表現である。能動的な「汲む」「洩さず聞く」のような表現の場合もあれば「しみる」のような受動的な表現の場合もあるが、このタイプは「言葉を聞く／読むことは液体を受け入れることである」という概念メタファーとして整理される。

　液体としての言葉を発し、それを受け止めることを表す言語表現であった例文3、4に対し、例文5の表現は液体についての別の観点が現れた表現である。例文5aは、「言葉の流暢さは液体の流れの速度である」と特徴づけられる。一方、「理解することは見ることである」という概念メタファーが独立に存在し、これが液

体としての言葉という考えと組み合わされると「言葉の理解しやすさは液体の透明度である」というメタファーができ、例文 5-b のような表現にあらわれる。

以上、さまざまな観点から言葉を液体として捉える発想が日本語のなかにあることを野村（2002）を通して見た。

このような概念メタファーは、我々の用いる言語の根幹をなすといってよいほど、多量多様に存在する。概念メタファーは一般的に言って、抽象的で捉えにくいものを具体的なイメージで捉えているものが多い。たとえば、人生のいろいろな局面を「門出」「旅立ち」「回り道」「分かれ道」「順風満帆」など旅にかかわる語で捉えた表現は〈人生は旅である〉という概念メタファーであるし、時間について「費やす」「無駄遣い」「足りる（足りない）」などの金銭にかかわる語で捉えた表現は〈時間は金である〉という概念メタファーである。

8.2.4　シネクドキー（提喩）

この小節ではシネクドキー（提喩）について解説する。まずは以下の例を見てほしい。

例文 6

a. 彼は内弁慶だ。
b. うちの課にはマスオさんが 2 人いる。

例文 6a の「内弁慶」は、家のなかでは強くて威張るが外では小さくなっている人のこと。「強くて威張っている人」をその代表事例である「弁慶」によって表現している。例文 6b の「マスオさん」は、「妻の両親と同居している男性」のこと。やはり、その代表事例である「マスオさん」によって表現している。このようなあるカテゴリー全体（類）をその下位に所属するもの（種）で表現したり、逆にその下位に所属するもの（種）をカテゴリー全体（類）の名前で表現するような比喩のことをシネクドキー（提喩）と言う[*2]。上で取り上げた事例はいずれも日本語のなかに定着している、もしくは定着しかかっている例であるが、次のように臨時的に用いられる興味深い例もある。

例文 7

それにしても、ひとりの作家の伝記や作品論を書くということのなんと恐ろしいことだろう。その周辺には、このように多くを知りながら、永く沈黙

を守っている人が必ずいるものなのだ。逆に言えば、そうした幻の伊吹和子の眼を意識し、その眼に耐えられるようなものでなければ作家論など書くべきではない、ということなのかもしれない。

(沢木耕太郎「解説」(伊吹和子『われよりほかに』))

　下線部の「伊吹和子」は、「作家のそばにいて多くを知りながら沈黙を守ってきた人」をこの場合表していると考えられる。言い換えるならば、代表事例である「伊吹和子」によって、「作家のそばにいて多くを知りながら沈黙を守ってきた人」というカテゴリー全体を表現しているのである。この場合は、「伊吹和子」という著者の書いた作家の伝記に解説として付された文章なので、そのコンテクストに支えられて、読者にも例文7の筆者の意図したレトリックが伝わるしくみになっている。シネクドキーは、例文6のように固定化された表現になっているだけでなく、このように生き生きしたレトリックを作り出すこともできるのである。例文6、7はいずれも代表人物でその属するカテゴリーを表すというタイプのシネクドキーであった。以下では違うタイプのシネクドキーを考えてみよう。

　「下駄箱」の「下駄」は「履き物一般」を表し、「筆入れ」の「筆」は「筆記用具一般」を表す。いずれも、カテゴリーの下位に属するもので、そのカテゴリー全体を表すという点で、シネクドキーである。また、「花見」の「花」は「桜」を表し、「鳥肉」の「鳥」は「にわとり」を表している。これらは逆に、カテゴリー全体の名称で、その下位に属するものを表すという意味でシネクドキーである。

　カテゴリーの下位に属するものが、そのカテゴリー全体を表すというシネクドキーは、日常の言語のなかによく見られる。たとえば、1つの企業の商標名が、

---

*2　人物を表す表現はメタファーかシネクドキーか区別に迷う場合があるが、メタファーがかかわった場合として明瞭なのは、外形の類似をもとに付けられたあだ名の場合である。たとえば、クラスメートを有名なタレントと似ているということから「(明石家)さんま」と呼ぶようなケースである。この場合、2つの事物がダイレクトに結ばれているのでメタファーと解釈できる。これに対して、シネクドキーがかかわった場合として明瞭なのは、「ドンファン」で〈好色な人物〉を指すような場合である。この場合、「ドンファン」から〈好色な人物〉という下位カテゴリーから上位カテゴリーへの転換が起こっているのでシネクドキーと判断できる。特定の個人を指して、「あいつはドンファンだ」という場合でも、すでに〈好色な人物〉として転義が起こっているあとなので、本来、この固有名詞が指していた架空の人物との間でダイレクトに結ばれているとは考えられない。以上に関し、さらに詳しい考察については森(2011)を参照のこと。

その属するカテゴリーの総称として使われることは、非常によくある現象である。例をあげると、「セロテープ」は、一企業の製品名だが、小型粘着テープの総称として用いられている。「ホッチキス」「サランラップ」などもその類の意味拡張がおこったものである。また、「王手」「レッドカード」「勇み足」などある分野での専門用語が、一般に拡大して用いられているのもこのタイプである。また、「百計をめぐらす」「千言万語」といった表現のなかの数字表現は、「百」「千」「万」という具体的な数をそれぞれ表すというよりも、「非常に多い」ことを示しているといえるが、これは、「多数」というカテゴリーを、それに属する具体例によって表現しているという意味でシネクドキーになっている。これもまた、カテゴリーの下位に属するものが、そのカテゴリー全体を表すシネクドキーである。カテゴリー全体の名称で、その下位に属するものを表すというシネクドキーで、日常の言語の中に見られるものとしては、「今日は天気だ」という表現で「今日は良い天気だ」という意味を表したり、「身長がある選手」という表現で「高い身長の選手」という意味を表すというような、カテゴリー名で、所属メンバーのうちプラス方向の意味を持ったものを表すようなものがある。カテゴリー全体の名称で、その下位に属するものを表すというシネクドキーで、臨時的なものとしては次のようなものがあげられる。

例文 8

堅田の浮御堂に辿り着いた時は夕方で、その日一日時折思い出したように舞っていた<u>白いもの</u>が、その頃から本調子になって間断なく濃い密度で空間を埋め始めた。
　　　　　　　　　　　　　　　　　　　　　　　（井上　靖『比良のシャクナゲ』）

例文 9

<u>白いもの</u>の無数に混じった脂気のない頭髪が、杉山の鈍い眼光を覆い隠した。
　　　　　　　　　　　　　　　　　　　　　　　（宮本輝『道頓堀川』）

　例文 8 の「白いもの」は「雪」を、例文 9 の「白いもの」は、「白髪」をそれぞれ表している。いずれも、「白いもの」というカテゴリーを上位に設定することによって、その下位に属することになるものを表現するタイプのシネクドキーである。「白いもの」というシネクドキーを用いることによって、「雪」「白髪」の持つ他の属性が捨象され、「白い」という特徴が強調されるという表現効果が

現れている。

以上、シネクドキーは、日常言語のなかにひそむ重要なメカニズムとしても特殊な表現効果をねらったことばのあやとしても非常に重要なレトリックであることが理解されたことと思う。

8.2.5 メトニミー（換喩）

シミリーやメタファーのように類似性をもとにしているわけでもなければ、シネクドキーのように類と種の関係をもとにしているわけでもなく、関係の近さを基盤にした比喩があり、このようなものをメトニミー（換喩）と呼ぶ。関係の近さを基盤にしている以上、多種多様な表現がメトニミーには入ってくる。以下にその具体例を見てみよう。

例文 10
a. 赤シャツはホホホホと笑った。
b. ヤカンが沸いている。
c. 福沢諭吉がもっとあったらなあ。
d. 霞ヶ関の考えていることはわからない。
e. フェルメールを見にオランダに行った。
f. docomo はよくつながる。

例文 10a は夏目漱石の『坊っちゃん』の一場面。いつも赤いシャツを着ている気障な教頭のことを主人公がこう呼んでいる。このように、人物をその着衣や身にまとうもので置き換えて表現するのは、文学作品に限らずよく見られる現象である。あだ名でも、メガネをかけている青年を「メガネ君」と呼ぶことなどがこの類例としてあげられるだろう。また、童話の主人公である、いつも赤頭巾をかぶっている女の子を「赤頭巾ちゃん」と呼んだり、駅で旅客の荷物を運ぶのを職業にする人を、赤い帽子をかぶっていることから「赤帽」と呼ぶのも同様に考えられる。

例文 10b の「ヤカン」は、「ヤカンの中の水」で、字義通りの意味とは、中身と容器の関係にある。例文 10c の「福沢諭吉」は、「一万円札」で字義通りの意味とは、部分（お札の肖像画）と全体（お札）の関係にある。例文 10d の「霞ヶ関」は、「霞ヶ関ではたらく官僚」、場所とそこで働く人物の関係にあり、例文

10e は、「フェルメールの作品」で、作者と作品といった関係にある。また、例文 10f は、「docomo の携帯電話サービス」で、会社とその商品の関係にあるといえる。これらも字義通りの意味と表現される意味が近い関係をなしており、メトニミーの例と考えられる。

　注意してほしいのは、これらは単なる省略表現ではなく、言語によって表現されている部分を際だたせる表現効果を担うレトリックであるということである。たとえば、例文 10a の例でいえば、「赤いシャツを着ている人物」全体の中で、「赤いシャツ」をクローズアップし、そこに読み手の意識が向かうようになっている。ここで見た他のメトニミー表現も同様の観点から考えることができる。

　メトニミーには次の例文 11 で見るような時間的な関係の近さを基盤とするものもある。

例文 11
　a. 箸をつける
　b. 袖を絞る

　例文 11a「箸をつける」で「食べる」という意味になる。「食べる」行為のプロセス全体の中で、はじめのプロセスである「箸をつける」行為のみで全体を表現している。これは、時間的に連続したプロセスにおいて「(はじめの) 一部分」と「全体」の間の関係の近さを基盤にしたメトニミーである。

　例文 11b「袖を絞る」は「ひどく悲しんで泣く」という意。ひどく悲しんで泣けば涙で袖が濡れ、濡れた袖を絞らざるをえない。この場合、後続する「袖を絞る」という行為によってそれに先立つ「ひどく悲しんで泣く」という行為を示す表現になっているのであり、時間的に先行する行為と後続する行為という近い関係を基盤にしたメトニミーとなっている。このような発想は和歌の中で多く使われている。

　時間にかかわるメトニミーは、次のそれぞれの例のように、日常の会話でも頻繁に用いられている。例文 12 の A2 の返答は切符がとれなかったという先行する事態で、「行かなかった」ということを伝えているし、例文 13 の B2 の返答は、二度と行かないという後続の事態を述べることでレストランがまずかったということを伝えている。

―― 例文 12 ――
A1:「連休中、沖縄に行ったの？」
A2:「切符が取れなくて。」

―― 例文 13 ――
B1:「あの店は美味しかった？」
B2:「もう二度と行かない。」

　人物の外面の様子でその人物の内面を示す表現も両者の関係の近さをもとにしているので、メトニミーの一種である。これらもその感情を持つときにそのような外面になることが多いという関係の近さを基盤としたメトニミーであるといえる。たとえば、「頭をかかえる」といえば、「困って途方に暮れる」という意味になるし、「地団駄を踏む」といえば、「悔しがる」という意味になる。また、「赤面している」は、「恥ずかしい思いをしている」という意味になる。このように固定化されているものだけでなく、「彼は顔を紅潮させた」という文は、文脈によって「緊張していた」という意味にも「激怒した」という意味にもとられるだろう。以上にみたように、メトニミーは、日常の言語使用に深く根ざしている、日本語の表現を考えていく上で、とても重要なレトリックだということができよう[*3]。

8.3　さまざまな修辞法

8.3.1　おおげさなもの言い――誇張法と列叙法

　ここからは比喩以外のさまざまな修辞法を扱う。まずは、誇張法である。すぐれた表現者は、おおげさなものいいを実に効果的に使う。

―― 例文 14 ――
　僕が大学生のころ、つまり現在十代・二十代の人たちにとっては旧石器時代のごとく遠い昔、そして僕および僕と同世代の人間にとっては他人事のように平然とふり返るにはまだいささか気恥ずかしい冷や汗ものの近過去のこ

[*3] 近年の認知言語学においては、メトニミーは参照点能力や百科事典的な知識のまとまりにアクセスした上でその異なる局面や段階に焦点を合わせる能力といった人間の認知能力の観点から説明されている。この点についての詳細は森・高橋（2013）第4章に詳しい。

と、平たくいえばだいたい十五年くらい前、僕らはよく「スカーレット・オハラる」という言葉をつかった。
（柴田元幸『生半可な學者』）

　同じ「十五年」という時間について、ある人々にとっての「近過去」が別の人々にとっては「旧石器時代のごとく遠い昔」であるとシミリーを用いて述べることによって世代間の断絶が強調されている。これは「寝てしまう」と題されたエッセイの冒頭部であるが、この誇張法の効果によって読者をひきつける巧妙な出だしとなっているのである。

例文15
蟹のように手足の長い、若い大きな男で、伸ばせばショベルカーをひと抱えできそうだ。それが全身を可能なかぎり縮めて操縦桿を握っている。
（辻原登『遊動亭円木』）

　この例も「蟹のように」というシミリーと「ショベルカーをひと抱えできそうだ」という表現で若い男の手足が長いさまを誇張して述べている。人間の身体を蟹に喩えることでユーモラスな表現効果も生じている。
　すぐれた表現者でなくても、人は時として、「値札を見て目玉が飛び出そうになった。」「私は蚊の鳴くような声で言った。」のような現実離れした表現を用いる。ともすれば、われわれの言葉は平板になりがちで、そこから抜け出すためにわれわれはこのような印象的なもの言いをするのである。
　列叙法も誇張法とならんでおおげさなもの言いの表現として用いられる。同列の表現を並べ立てるという特質を持つこのレトリックについて次のような例を考えてみよう。
　目の前の群衆を描写するのに、我々は「大勢の人がいる」などと述べる。それを「どこもかしこも、人、……」などと描写したら、異常な文章だと見られてもしょうがないであろう。多数を描写するのには、簡潔な表現がある。つまり、言語は本来「省略性」を持っているもので、それにのっとって描写する方が通常の表現である。が、すぐれた表現者は、それを逆手にとってレトリカルな表現を作り出す。

---例文 16---
　もっとも大饗に等しいと云っても昔の事だから、品数の多い割に碌な物はない、餅・伏菟・蒸鮑・干鳥・宇治の氷魚・近江の鮒・鯛の楚割・鮭の内子・焼蛸・大海老・大柑子・小柑子・橘・串柿などの類である。

（芥川龍之介『芋粥』）

　例文 16 は、供される品々を執拗に羅列している。「などの類である」と結ぶのだから三、四挙げればすむところを延々と続けることによって、品数の多さを強調する効果をあげている。以上をまとめると「言語の平板性への反逆」が誇張法ならば、「言語の省略性への反逆」が列叙法と考えられる。誇張法も列叙法もおおげさなものの言い方という共通項を持つが、その方向性は逆なのである。
　列叙法はまた、新しいカテゴリー形成という性質も持っている。上の例だと、その場に供された品々というカテゴリーを新たに形成して提示しているが、ピジョー（2007）で示された次のような興味深い例もある。次の例文 17 の下線部の例は一見奇妙なものであるが、「秩序のシンボル」というカテゴリーを表していると考えれば、このような挙例をすることに納得がいくものであろう。

---例文 17---
　しかし、戦いが終れば、武器はかえって手足まといになる。秩序というやつがやって来て、自然のかわりに、牙や爪や性の管理権を手に入れた。そこで、性関係も、通勤列車の回数券のように、使用のたびに、かならずパンチを入れてもらわなければならないことになる。しかもその回数券がはたして本物であるかどうかの、確認がいる。ところが、その確認たるや、秩序のややこしさにそっくり対応した、おそろしく煩瑣なもので、<u>あらゆる種類の証明書……契約書、免許証、身分証明書、使用許可証、権利書、認可証、登録書、携帯許可証、組合員証、表彰状、手形、借用証、一時許可証、承諾書、収入証明書、保管証、さては血統書にいたるまで……</u>とにかく思いつく限りの紙片れを、総動員しなければならないありさまだ。

（安部公房『砂の女』）

8.3.2 ことばを重ねる——ためらいと類義累積

列叙法と同様に言葉を重ねる修辞法としては、ためらいと類義累積がある。佐藤（1992b）でとりあげられている、ためらいの例を以下にあげよう。

例文 18

　今夜、死ぬのだ。それまでの数時間を、私は幸福に使いたかった。ごっとん、ごっとん、のろすぎる電車にゆられながら、暗鬱でもない、荒涼でもない、孤独の極でもない、智慧の果でもない、狂乱でもない、阿呆感でもない、号泣でもない、悶悶でもない、厳粛でもない、恐怖でもない、刑罰でもない、憤怒でもない、諦感でもない、秋涼でもない、平和でもない、後悔でもない、沈思でもない、打算でもない、愛でもない、救いでもない、言葉でもってそんなに派手で誇示できる感情の看板は、ひとつも持ち合わせていなかった。

（太宰治『狂言の神』）

　ためらいは、ああでもないこうでもないと言葉を過剰に発信し、「思い」を正確に言葉にのせることができない時に用いられる「苦しまぎれ」の修辞法と言える。既存のことばで処理できないときに用いられる言語戦略という点は、喩え表現にも共通しているが、これらは空白部を聞き手・読み手の想像力で補わなければならないという意味で、より聞き手や読み手への依存度が高い。この点で独特の個性を持つものである。ためらいの裏返しとして類義累積（あるものを描写するのに似た言葉を並べること）という技巧もある。たとえば、「珍しい」ことを表す表現を並べた類義累積の例を作ると次のようなものになるだろう。

例文 19

　彼にもらったこの光る石は、とても珍しく、他の誰も持っていない、世界でたった1つ、唯一無二、類稀で、どこを探しても見つからないものである。

　比喩をつかった「類義累積」が詩のなかに実に効果的に使われている例もある。高村光太郎の「人に」（『智恵子抄』所収）の一節を次にあげよう。

例文 20

いやなんです
あなたのいってしまうのが——

> 花よりさきに実のなるような
> 種子(たね)より先に芽の出るような
> 夏から春のすぐ来るような
> そんな理屈に合わない不自然をどうかしないでいて下さい
>
> （高村光太郎「人に」）

　自分に別れを告げ他の男のところに行ってしまうという「理屈に合わない不自然」を描写するのに、3つのありえないことを示すシミリーが累積的に使われている興味深い例である。

8.3.3　余分なことば——冗語法と剰語的反復

　言葉を重ねるというよりも余分な言葉を足しているといった表現があてはまる修辞法も存在する。すでに言語上表現されている内容をあえて重ねて表現するのは、冗語法である。「人っ子ひとりいない無人の島」「一つ残らず何もかも全部」のような例がそれにあたる。このような例は、言語形式が言い換えられているため余分な言語表現であるという感じがそれほどではない。強調の修辞表現として成立しているものである。

　これに対して、「馬から落馬する」「雷が落雷する」「頭痛が痛い」「伝言を伝える」などは、すでに言語化されているものの一部の形式を剰語的に反復するものであり、余分な言語表現であるという感じが出る。この場合は、通常は誤用として考えられるものであるが、滑稽感を出すために意図的に用いているとするならば、修辞形式の一種として考えてもよいであろう。これは、冗語法と区別して剰語的反復と呼ばれるものである。「私は私の母に会いに行った」のように、1人称代名詞をことさらに反復することにより、語り手を客体的に表現するような場合も剰語的反復の一形態と考えられる。佐藤・佐々木・松尾（2006）で取り上げられた例を見てみよう。

> **例文21**
> 「君はまだ知らないのか、あいつが死んだのを？」
> 「死んだ？」
> 「昨夜自殺したんだ」
> 　僕は化石したようになってそこに立っている。僕はもうそこに坐っている

> のだと信じながら。僕は僕の手から帽子を落す。しかしそれにも気がつかない。それにもかかわらず、僕は僕が少しも取乱したところのない冷静な様子をしているのを不思議に感じる。
> (堀辰雄『眠れる人』)

1人称代名詞を明示する必要のないところで、あえてそれを行うことにより、「外側から観察している「僕」」が、「観察されている「僕」」を捉えることになっている。

この例は、本来は非明示であるべきものをあえて明示的に述べることで独特の表現効果を出すものであった。これが極端にあらわれているのは次のような例である。

例文 22
「今日のような暑い日には、私は家に帰り着くやいなや上着を脱ぐでしょう」
上着を着ていたジャックはそう言った。
「あなたは涼しくなるために上着を脱ぐでしょう」
「上着を脱ぐやいなや私は涼しくなるでしょう」

(清水義範『永遠のジャック&ベティ』)

廣瀬・長谷川 (2010) は、例文 22 のような文章をもとに、「教科書英語的日本語」という面白い概念を提示している。1人称代名詞が明示される英語とそれが明示されにくい日本語の対比が、上のような奇妙な文章に反映されているのである。

8.3.4 無意味な文と矛盾した文——トートロジーとオクシモロン

まずは、トートロジー（自同表現）である。「A は A だ」という同じ語を繰り返しても実質的な意味はないのではないかと思われる。しかしながら、それが意味をなす場合がある。

例文 23
何で勝っても勝ちは勝ち。

例文 23 は、たとえば、試合で、相手が事故などで来られなくて不戦勝になっ

たとする。「こんなのでは、勝ちとは言えないよね」と言う人に向かっての言葉なら考えられる表現であろう。この場合も、「不戦勝はあなたが考える勝ちとは違うかもしれませんが、勝ちであることには違いありませんよ」ということになろう。

このようなトートロジーを、その語に対して持つわれわれのイメージにはあてはまりにくいが、周辺例としては成立するということを述べたものとして「周辺型トートロジー」[*4]と呼ぶ。トートロジーは、また別のタイプの意味作用をもたらすこともある。

例文 24

勝ちは勝ち、負けは負け。

例文24は、惜しい勝負を負けて、内容では勝っていたと主張する者に対して、この両者を厳しく区別するように求めている表現である。このようなものは「区別型トートロジー」と呼べる。

オクシモロン（対義結合）は、反対の意味を持つ言葉をつなぎ合わせた修辞法である。反対の意味を持つ言葉をつなげれば矛盾した文になると思われる。しかしながら、次のような場合、「大学じゃない大学」「公然の秘密」といった例は、明らかに言語表現として成立していると考えられる。このような表現の場合、「学生が勉強熱心だ」（大学）とか「知っている人が少ない」（秘密）といったイメージにそぐわないような「大学」や「秘密」を想定すれば成立するであろう。「学生がちっとも勉強しないような大学」や「みんなが知っているような秘密」である。これは、先に説明した「周辺型トートロジー」の裏返しになっている。オクシモロンには次のようなタイプも存在する。

例文 25

a. 慇懃無礼な男。
b. 何、若年寄みたいなことを言ってんの。

例文25aは、ある事態・事物を別の視点から見てそれを結合するタイプである。うわべの態度は慇懃だが、内心では相手を見くびっているということが矛盾なく

[*4] トートロジーの詳しい分類については坂原（2002）に詳しい。

表現されている。例文 25b は、「年寄」が比喩的な拡張を起こし若い人物に対する比喩表現として用いられている。「若年寄」は、「まだ若いのに年寄りのような人物」ということであり、矛盾は生じていない。

8.3.5　間接的なもの言い──緩叙法とアイロニー

間接的な表現が使われている修辞法として、ここでは緩叙法とアイロニーを解説する。緩叙法とは、たとえば、「うれしい」という通常の表現に対して「かなしくない」と反対のものごとを否定する形で述べる表現である。次のような例があてはまるだろう。

例文 26

昨シーズンの我がチームの成績はとても誇れるものではなかった。

みじめな成績に終わったシーズンを、「誇れるもの」という反対の表現を打ち消す形で述べることにより、そのみじめさを隠すような形になっている。

なお、緩叙法は、控えめに述べる表現技巧という意味で使われることもある。テストで高得点を取ったのに「まあまあの出来でした」と述べるような例がこの意味での緩叙法にあてはまる。

間接的な言語表現のなかで、修辞法として最もよくとりあげられるのはアイロニーであろう。表面的には、相手を攻撃しているととれない表現で、意図としては攻撃することができるという複雑な言語技巧である。

例文 27

a.（汚い字を見て）
　君はとても達筆だね。
b.（負けてばかりのチームのファンに）
　○○（そのチームの名前）って本当に強いですね。

これらは、ネガティブな事実があるのが明らかな状況で、あえてその事実と反対のことを言っている。反対のことを言っていることが、明白に相手に伝わるので、話し手がアイロニーを使用していることが明白な例である。また、次のような例も考えてほしい。

> **例文 28**
>
> (親しい友人からお説教めいたことを言われムッとして)
> ご親切なご忠告、誠にありがとうございました。

　この場合、必ずしも事実と反対であることが明らかであるとは言えない。しかしながら、相手を攻撃していることが伝わるのは、何故であろうか。親しい間柄では普通用いられない、不自然な敬語が使用されているからであると考えられる。このような不自然なサインがなんらかの形で出されたときにも相手に話し手の意図が明白に伝わるアイロニーとなる。また、次のような例もある。

> **例文 29**
>
> A：あの大学なら、余裕だよな。
> B：へえー、「あの大学なら、余裕」ねえ。

　ここで、BがAのセリフを繰り返しているのは、相手の発言を確認するためではなく、明らかに不自然なものである。このような必要もない繰り返しを行ったときにもアイロニーとなる。
　ここまで見たようなアイロニーは、いずれも皮肉という日本語にそのまま置き換えてもよいものである。しかしながら、次のような例はアイロニーの一種とされているのだが、皮肉とは言えない。

> **例文 30**
>
> (妻のお手製の豪華な料理を見て、嬉しそうに)「また、無駄に手が込んでるね。」

　これらは偽悪型のアイロニー[*5]とされるもので、親しい間柄の聞き手に向けて、照れ隠しのためなどに使われるものである。アイロニーは、このようなものも含め、発話の表面的な内容と実際の意図にずれがある場合を広く考えているが、皮肉には何らかの形で相手への攻撃性を持つという違いがあるのである。

[*5]　偽悪型のアイロニーについては、河上 (1993) に詳しい。

8.3　さまざまな修辞法

8.3.6　言葉遊びと修辞法——類音接近・アクロスティック・アナグラム

　修辞法のなかには、言葉遊びと結びついたものがある。類音接近というといかめしいが、「しゃれ」など似たような音を持つ2つの言葉を重ね合わせる技巧がまずあげられる*6。「しゃれ」については興味深い用例とともに説明している国語辞典があるので、それを見てみよう。

『岩波国語辞典（第7版）』では、次のような説明がなされている。

> （言葉の同音を利用して）人を笑わせる、気の利いた文句。例、「へたなしゃれはやめしゃれ」の最後の部分で「なされ」とかけてある類。

『新明解国語辞典（第7版）』では次のような説明である。

> ［その場の思いつきとして］類音の語に引っかけて、ちょっとした冗談や機知によってその場の雰囲気を和らげたり盛り上げたりする言語遊戯。例、潮干狩りに行ったがたいして収穫がなく、「行った甲斐（＝貝）がなかったよ」と言うなど。

「しゃれ」というのは言った場を離れてしまうと面白くなくなってしまうので、両辞典とも苦心の説明がなされている。じってんばっとう（七転八倒）の苦しみの末のことであったことだろう。

　次いでアクロスティック（折句）である。伊勢物語のなかの有名な一節を以下にあげる。

例文 31

　その沢にかきつばたいとおもしろく咲きたり。それを見て、ある人のいはく、「かきつばたといふ五文字を句の上にすゑて、旅の心をよめ」といひければ、よめる。
　から衣　きつつなれにし　つましあれば
　はるばるきぬる　たびをしぞおもふ
とよめりければ、皆人、乾飯のうへに涙おとしてほとびにけり。

（『伊勢物語』）

　和歌の各句の最初の一文字をつなげると「かきつはた」となっている。このよ

---

*6　「しゃれ」と同類の言語技巧として「地口（じぐち）」がある。こちらは岩波国語辞典（第7版）に「門前の小僧」に対する「温泉の保養」という例があげられているようにことわざ・成句と似た発音の文句を使って言うしゃれと規定される。

うな言語技巧は、古くから用いられてきた[*7]が、現代でも有効である。以下は受験生への応援メッセージとして私の授業の受講生が考えてくれたものである。

例文 32

さあ本番だ
くらく考えず。
らくにかまえて
さいごまで
くじけずがんばれ！

　ある言葉をならべかえて、まったく別のことばにしてしまうことをアナグラムという。たとえば、松田聖子（まつだせいこ）をならべかえると「せこい妻だ」となり、郷ひろみ（ごうひろみ）をならべかえると「ゴミ、拾う」となる。

　桑原（1982）であげられている例、「飽きた花すてた」をならべかえてみると、「あなたはすてきだ」となるとされる。この場合のようにアクロスティックやアナグラムの場合は清濁については区別されないことが多い。

8.4　さらに修辞法を知るために

　本章では、シミリー、メタファー、シネクドキー、メトニミー、誇張法、列叙法、ためらい、類義累積、冗語法、剰語的反復、トートロジー、オクシモロン、緩叙法、アイロニー、類音接近、アクロスティック、アナグラムの 17 の修辞法について扱った。各々の修辞法についてはまだ論じることが多くあり、また、他にも多くの修辞法が存在する。このテーマについて、さらなる知識を得るための文献を以下にあげる。

　瀬戸賢一『日本語のレトリック』（2002 年、岩波ジュニア新書）は高校生向き

[*7] 和歌において、さらに複雑な技巧として沓冠（くつかうぶり）というものがある。兼好法師と頓阿法師の次のような和歌の応答において各句の始めの音を最初から読み、終わりの音を最後から読むと「よねたまへ、ぜにもほし（米をください、銭もほしい）」、「よねはなし、ぜにすこし（米はない、銭は少しならある）」というやりとりになる。

　　・夜もすずし　寝ざめのかりほ　たまくらも
　　　　真袖の秋に　へだてなきかぜ
　　・夜も憂し　ねたくわがせこ　はてはこず
　　　　なほざりにだに　しばし訪ひませ

に書かれたわかりやすい概説書であり、さまざまな修辞法が簡潔に紹介されている。森雄一『学びのエクササイズ　レトリック』(2012年、ひつじ書房)は、本章と部分的に重なるところもあるが、本章でとりあげられなかった観点も含め、より広い範囲で修辞法について論じている。佐藤信夫『レトリック感覚』(1992年、講談社学術文庫)、同『レトリック認識』(1992年、講談社学術文庫)は、修辞法は言語表現にとって装飾品であると同時に実用品でもあり、また、単なる言語技巧というにとどまらずわれわれの認識のための重要な道具であるという観点から、さまざまな修辞法について語り尽くした書物である。叙述は平易だが、この分野の最高峰に位置づけられる名著である。修辞法の全体像を体系的に知るには、大部なものであるが、佐藤信夫・佐々木健一・松尾大『レトリック事典』(2006年、大修館書店)がある。読者の関心に従って以上の書物に触れていただければ幸いである。

［森　雄一］

【例文の文献案内】
＊表記は現代仮名遣いで統一した。
例文1：小川洋子『猫を抱いて象と泳ぐ』文藝春秋、2009。
例文2：中村航「オトコの別腹」朝日新聞2013年7月23日夕刊5面。
例文7：沢木耕太郎「解説」、伊吹和子『われよりほかに：谷崎潤一郎最後の十二年　上』講談社文芸文庫、2001。
例文8：井上靖「比良のシャクナゲ」『井上靖全集　第2巻』新潮社、1995。
例文9：宮本輝「道頓堀川」『川三部作　泥の川　螢川　道頓堀川』ちくま文庫、1986。
例文14：柴田元幸『生半可な學者』白水社、1992。
例文15：辻原登『遊動亭円木』文春文庫、2004。
例文16：芥川龍之介「芋粥」『芥川龍之介全集　第1巻』ちくま文庫、1986。
例文17：安部公房「砂の女」『安部公房全集16』新潮社、1998。
例文18：太宰治「狂言の神」『太宰治全集　第2巻』筑摩書房、1998。
例文20：高村光太郎「人に」『智恵子抄』(新版) 竜星閣、1951。
例文21：堀辰雄「眠れる人」『堀辰雄全集　第1巻』筑摩書房、1977。
例文22：清水義範「永遠のジャック＆ベティ」『翼よ、あれは何の灯だ――清水義範パスティーシュ100　六の巻』ちくま文庫、2009。

参 考 文 献

揚妻祐樹（2008）「尾崎紅葉『多情多恨』の語りと話法（1）―語りの性格―」『藤女子大学国文学雑誌』**79**、29-41。
五十嵐力（1909）『新文章講話』早稲田大学出版部。
磯貝英夫（1968）『資料集成日本近代文学史』右文書院。
市川孝（1973）『国語教育のための文章論』教育出版。
伊吹武彦（1956）「フランスにおける文体論について」『国語国文』**25**-11、112-122。
薄井明（2007）「「隣接ペア」再考」『北海道医療大学看護福祉学部紀要』**14**、75-82。
臼井敏男（2008）「新聞文章のつくり方」『日本語学』**27**-1、4-11。
内田らら（2004）「話題は参与構造にどう影響するのか？―教員ミーティングの談話を例に―」『東京工芸大学工学部紀要 人文・社会編』**27**-2、18-24。
内田保男・石塚秀雄編（2000）『社会人のための国語百科カラー版新版』大修館書店。
尾形仂編（2000）『新編　俳句の解釈と鑑賞事典』笠間書院。
尾川正二（1989）『文章のかたちとこころ―書くこと』筑摩書房。
沖森卓也（2000）『日本古代の表記と文体』吉川弘文館。
尾崎秀樹（1965）『大衆文学論』勁草書房。
尾崎秀樹（1969）『大衆文学五十年』序章、講談社。
樫原修（2012）『「私」という方法―フィクションとしての私小説―』笠間書院。
片桐洋一（1983）『歌枕歌ことば』角川書店。
樺島忠夫・寿岳章子（1965）『文体の科学』綜芸舎。
樺島忠夫（1972）『日本の文字 表記体系を考える』岩波新書。
河上誓作（1993）「発話行為とアイロニー」『英語青年』**139**-5、20-22。
北尾幸雄（2008）「新聞記事の文章を考える―型を身に付け、細部にこだわる」『新聞研究』**680**、30-33。
木村義之（1993）「近代のあて字と文学」『日本語学』**13**-4、57-70。
木村義之（1995）「言葉遊びあれこれ（日本）」、平井昌夫編『ことばの知識百科』三省堂。
ギロー、ピエール著・佐藤信夫訳（1984）『文体論』白水社（文庫クセジュ）。
金水敏（1989）「「報告」についての覚書」、仁田義雄・益岡隆編『日本語のモダリティ』くろしお出版。
桑原茂夫（1982）『ことば遊び百科』筑摩書房。
木暮律子（2002）「母語場面と接触場面の会話における話者交替―話者交替をめぐる概念の整理と発話権の取得―」『言語と文化』（名古屋大学）**3**、163-180。
小林弘忠（2002）『ニュース記事に見る日本語の近代』日本エディタースクール出版部。
小林英夫（1943）『文体論の建設』育英書院。
小森陽一（1988）『構造としての語り』新曜社。
阪倉篤義（1970）「「開いた表現」から「閉じた表現」へ」『国語と国文学』**47**-10、22-35。
坂原茂（2002）「トートロジとカテゴリ化のダイナミズム」、大堀壽夫編『認知言語学Ⅱ：カテゴリー化』東京大学出版会。
佐久間まゆみ（1990）「接続表現（1）」、寺村秀夫・佐久間まゆみ・杉戸清樹編『ケーススタディ日本の文章・談話』桜楓社。
佐久間まゆみ編（2003）『朝倉日本語講座　第7巻　文章・談話』朝倉書店。
佐々木達（1950）『語学試論集』研究社出版。

佐藤喜代治（1977）『文章観の変遷　現代作文講座・文章活動の歩み』明治書院。
佐藤信夫（1992a）『レトリック感覚』講談社学術文庫。
佐藤信夫（1992b）『レトリック認識』講談社学術文庫。
佐藤信夫・佐々木健一・松尾大（2006）『レトリック事典』大修館書店。
ザトラウスキー、ポリー（1991）「会話分析における『単位』について―『話段』の提案―」『日本語学』**10-10**、79-96。
真田治子・野原佳代子・長谷川守寿編（2011）『大学生のための社会人入門トレーニング　コミュニケーション編』三省堂。
島田泰子（2013）「広告表現等における〈終止形準体法〉について」『叙説』**40**、340-355。
白石大二編（1984）『新文章辞典』ぎょうせい。
新聞編集整理研究会編（1994）『新編新聞整理の研究』日本新聞協会。
杉戸清樹（1987）「発話のうけつぎ」『国立国語研究所報告92　談話行動の諸相―座談資料の分析―』pp.68-106、三省堂。
杉本つとむ（1992）「宛字の論」『文字史の構想』萱原書店。
杉本つとむ編（1994）『あて字用例辞典』雄山閣出版。
関口安義・庄司達也（2000）『芥川龍之介作品事典』勉誠出版。
瀬戸賢一（2002）『日本語のレトリック』岩波ジュニア新書。
高橋昭男（1997）『仕事文の書き方』岩波新書。
田中信一郎（2008）「国会における質問制度の変容」『政治学研究論集』（明治大学）**27**、109-128。
田中牧郎（2013）「分かりにくい医療用語の類型と語の性質」。相澤正夫編『現代日本語の動態』おうふう。
谷崎潤一郎（1934）『文章読本』中央公論社。
寺村秀夫（1984）『日本語のシンタクスと意味』くろしお出版。
時枝誠（1960）『文章研究序説』山田書院。
中井陽子（2003）「言語・非言語行動によるターンの受け継ぎの表示」『早稲田大学日本語教育研究』**3**、23-39。
中村明（1991）『日本語レトリックの体系』岩波書店。
中村明（1993）『日本語の文体』岩波書店。
中村明（1994）『センスある日本語表現のために―語感とは何か』中公新書。
中村明（2007）『日本語の文体・レトリック辞典』東京堂出版。
中村明（2010）『語感の辞典』岩波書店。
中村明・佐久間まゆみ・髙崎みどり・十重田裕一・半沢幹一・宗像和重編（2011）『日本語文章・文体・表現事典』朝倉書店。
西尾光雄（1968）『国津文世々の跡』『日本文学叢攷』東洋法規出版。
西田直敏（1978）『平家物語の文体論的研究』明治書院。
日本経済新聞社編（2013）『謎だらけの日本語』日本経済新聞出版社。
野田尚史（1998）「「ていねいさ」からみた文章・談話の構造」『国語学』**194**、1-14。
野村雅昭編（1984）『講座日本語の表現　第2巻　日本語の働き』筑摩書房。
野村雅昭・小池清治（1992）『日本語事典』東京堂出版。
野村益寛（2002）「〈液体〉としての言葉　日本語におけるコミュニケーションのメタファー化をめぐって」、大堀壽夫編『認知言語学Ⅱ：カテゴリー化』東京大学出版会、37-57。
長谷川泉・髙橋新太郎編（1982）『文芸用語の基礎知識』至文堂。
波多野完治（1935）『文章心理学―日本語の表現価値』三省堂。

林大・碧海純一（1981）『法と日本語』有斐閣新書．
ピジョー，ジャクリーヌ（1997）『物尽し　日本的レトリックの伝統』平凡社．
飛田多喜雄・大熊五郎（1975）『文章表現の理論と方法』明治図書出版．
飛田良文編（1997）『日本語文章表現法』白帝社．
飛田良文編（2007）『日本語学研究事典』明治書院．
表現学会監修（1995）『随筆・紀行の表現』冬至書房．
表現学会監修（1989）『近代詩の表現』冬至書房．
平井昌夫（1984）『何でもわかる文章の百科事典』三省堂．
廣瀬幸生・長谷川葉子（2010）『日本語から見た日本人』開拓社．
前田愛（1973）「音読から黙読へ―近代読者の成立―」『近代読者の成立』有精堂．
丸谷才一（1977）『文章読本』中央公論社．
三上章（1960）『象は鼻が長い』くろしお出版．
三谷栄一・峯村文人（1996）『社会人のための国語の常識〔第二版〕』大修館書店．
三牧陽子（2013）『ポライトネスの談話分析―初対面コミュニケーションの姿としくみ―』くろしお出版．
宮本三郎，今栄蔵（1992）『新訂　俳句シリーズ人と作品1』桜楓社．
村上恵，熊取谷哲夫（1995）「談話トピックの結束性と展開構造」『表現研究』**62**、101-111．
メイナード，泉子・K（1997）『談話分析の可能性―理論・方法・日本語の表現性―』くろしお出版．
森雄一（2011）「隠喩と提喩の境界事例について」『成蹊國文』44、143-150．
森雄一（2012）『学びのエクササイズ　レトリック』ひつじ書房．
森雄一・高橋英光（2013）『認知言語学　基礎から最前線へ』くろしお出版．
森下雅子（2000）「ミーティングにおける相互行為から見た日本語ボランティアグループ」『言語文化と日本語教育』**20**、pp.66-78．
ヤーコブソン，ロマーン著／川本茂雄監訳（1973）『一般言語学』みすず書房．
安田賀計（2004）『ビジネス文書の書き方（第2版）』日経文庫．
安本美典（1960）『文章心理学の新領域』東京創元新社．
安森敏隆・上田博編（1998）『近代短歌を学ぶ人のために』世界思想社．
山口仲美（1984）『平安文学の文体の研究』明治書院．
山本真吾（2006）『平安鎌倉時代に於ける表白・願文の文体の研究』汲古書院．
山本忠雄（1940）『文体論―方法と問題』賢文館．
山本正秀（1971）「島村抱月の言文一致活動」『国語と国文学』**43-6**、1-15．
渡辺実（1996）『日本語概説』岩波書店．
吉行淳之介（1969）「乾いた、透明な文章を」安岡章太郎編『現代作家と文章』三省堂新書．
読売新聞社（2011）『読売新聞用語の手引第3版』中央公論新社．
Guiraud, P.（1951）*La Stylistique*, Klincksieck.
Mehan, H.（1979）*Learning Lessons*, Harvard University Press.
Sacks, H, Schegloff, E.A. and Jefferson, G.（1974）"A simplest systematics for the organization of turn-taking for conversation." *Language*, **50**, 696-735.
Schegloff, E.A.（2007）*Sequence Organization in Interaction*, vol.1：*A Primer in Conversation Analysis*, Cambridge University Press.
Schegloff, E.A. and Sacks, H.（1973）"Opening up closings." *Semiotica*, **8-4**, 289-327.

索　　引

あ 行
あいづち的発話　20
アイロニー　144
アクロスティック　146
アジェンダ　27
アナグラム　147
あらすじ　6
案件　27

意見文　88, 91
一人称小説　48
意味段落　10
隠語　74
印象的価値　118
印象文　84, 86
隠喩　130

演繹法　15

オクシモロン　143
折句　146

か 行
概念メタファー　130
学術論文　14, 91
雅語　74
雅俗折衷文体　75
語り　46
語り手　104, 108
仮定表現　42
仮名遣い　62
　現代——　71
　歴史的——　71
雅文　122

緩叙法　143
感想文　84, 86
換喩　135

季語　115, 116
紀行　82
擬古文　122, 125
起承転結　13
議事録　82-84
議題　27
帰納法　15
逆三角形　80
脚本　108
業界用語　73
教科書英語的日本語　142
虚構　104
キリシタン文献　124
記録　102
記録文　82
杳冠（くつかうぶり）　147

形式段落　10
敬体　54
原案　28
原案承認　29
原案審議　29
原案提示　29
現代仮名遣い　71
言文一致体　126, 127
言文二途　121

広告文　94, 95
口語文　65, 124, 126
公式性　25, 30

公然性　25, 30
語感　72
個性的文体　3
誇張法　137
言葉遊び　78
個別的文体　3

さ 行
地口　145
事実　6
字装法　68
実質的発話　19
自同表現　142
シネクドキー　132
シミリー　130
借音表記　70
借義表記　70
写生文　127
社説　89
しゃれ　145
終止形準体法　95
自由度　22
　ターン選択の——　22, 25
　トピック選択の——　25
自由討議　30
熟字訓　70
主語　38
主題　6
主張文　14, 88, 91
述語　38
剰語的反復　141
冗語法　141
常体　54
常用漢字表　67

小論文　91
序破急　13
新聞記事　80, 81

生活文　84
接続詞　39
説明文　80, 86, 88
台詞　110, 111
宣伝文　94, 95
専門語　73

俗語　74
素材　6
卒業論文　91

た　行
対義結合　143
題材　6
大衆小説　50
対照　8
台本　108
ダ体　126
ためらい　140
ターン　21
ターン交替　21
ターン選択の自由度　22, 25
段落　9
談話　19
談話管理　31

直喩　130

対句　78
通告制　30

デアリマス体　126
デアル体　52, 126
提言文　14
提喩　132
手紙文　95, 96
デス体　126

テーマ　6
伝記　82
添義法　68

頭括式　16
当用漢字表　67
ト書き　109, 111
トートロジー　142
トピック選択の自由度　25

は　行
発言権　31
範疇的文体　3

比較　8
尾括式　16
皮肉　145
備忘録　104
表現的価値　118
標語　96, 97
評論　88

文　1
　──の接続　39
　──の長さ　34
文語体　127
文語調　112
文語文　65
文章　1
　──の展開　7
　──の内容　6
　──の目的　3
　──の用途　5
文体　3
文体因子　118
文体的異形　118, 119, 122
文体的価値　118
文体的特徴　77
文体素　118
文体論　117

報告文　82
報道文　80

ま　行
万葉仮名　120

見出し　80

メタファー　130
メトニミー　135

モチーフ　6

や　行
要約　6

ら　行
リズム　78, 111
両括式　16
隣接ペア　24

類音接近　145
類義累積　140
類型的文体　3
ルポルタージュ　82

歴史的仮名遣い　71
列叙法　138

朧化表現　121
論説　88
論説文　80
論文　91, 94

わ　行
和化漢文　120
和漢混淆文　123
和漢折衷文　123
話者交替　20
話段　19, 23
和文体　121

編著者略歴

沖森卓也（おきもり たくや）

1952年　三重県に生まれる
1977年　東京大学大学院人文科学研究科
　　　　国語国文学専門課程修士課程修了
現　在　立教大学文学部教授
　　　　博士（文学）

山本真吾（やまもと しんご）

1961年　大阪府に生まれる
1988年　広島大学大学院文学研究科
　　　　博士後期課程単位取得退学
現　在　白百合女子大学文学部教授
　　　　博士（文学）

日本語ライブラリー
文章と文体　　　　　　　　　定価はカバーに表示

2015年 5月15日　初版第1刷
2024年10月25日　　　　第2刷

　　　　　　　　　編著者　沖　森　卓　也
　　　　　　　　　　　　　山　本　真　吾
　　　　　　　　　発行者　朝　倉　誠　造
　　　　　　　　　発行所　株式会社 朝　倉　書　店
　　　　　　　　　　　　　東京都新宿区新小川町 6-29
　　　　　　　　　　　　　郵便番号　162-8707
　　　　　　　　　　　　　電　話　03（3260）0141
　　　　　　　　　　　　　FAX　03（3260）0180
　　　　　　　　　　　　　https://www.asakura.co.jp

〈検印省略〉

Ⓒ 2015〈無断複写・転載を禁ず〉　印刷・製本　デジタルパブリッシングサービス

ISBN 978-4-254-51614-2　C 3381　　　Printed in Japan

JCOPY ＜出版者著作権管理機構　委託出版物＞

本書の無断複写は著作権法上での例外を除き禁じられています．複写される場合は，そのつど事前に，出版者著作権管理機構（電話 03-5244-5088, FAX 03-5244-5089, e-mail: info@jcopy.or.jp）の許諾を得てください．